KB134593

명상록

세계교양전집 3

명상록

마르쿠스 아우렐리우스 지음

김수진 옮김

올리버

Marc-Aurele.

Cornaline du Cabinet de M^r. Hesselin.

마르쿠스 아우렐리우스Marcus Aurelius

• 차례 •

1 우리 할아버지 베루스

나는 이분으로부터 훌륭한 인품과 자제력을 배웠다.

2 우리 아버지

(내 머릿속 기억과 세간의 명성을 바탕으로) 이분에게서는 참됨과 사내다움을 배웠다.

3 우리 어머니

신을 경외하는 마음, 관대함, 악행은 물론이거니와 악한 마음마저 품을 줄 모르는 태도를 내게 가르쳐 주셨다. 부유한 자들과는 딴판으로 검소한 삶을 사는 법도 알게 해주셨다.

4 우리 증조할아버지

이분 덕분에 공립학교를 멀리하고, 뛰어난 개인 교사를 고용하되, 그에 따른 비용은 아까워하지 않고 기꺼이 감수할 줄 알게 되었다.

5 나의 첫 스승

전차 경주에서 어느 편도 들지 않고, 검투사 경기에서 어느 한쪽 검투사만 편파적으로 응원하지 말아야 한다는 것을 가르쳐 주신 분. 이분을 보고 불편함을 견디면서 다른 요구는 하지 않는 자세도 배웠다. 자기가 해야 할 일을 하고, 자기 일 외에는 한눈팔지 않으며, 나른 사람을 비방하느라 시간을 허비하지 말아야 한다는 것도 깨달았다.

6 디오그네토스*

터무니없는 일에 시간을 낭비하지 말 것. 주술과 퇴마 등을 이야기하는 마술사와 주술사에게 속아 넘어가지 말 것. 메추라기 싸움이나 이와 유사한 다른 유행에 빠져 헤어 나오지 못하는 일이 없도록 할 것. 달갑지 않은 불편한 진실에도 귀를 기울일 것. 철학을 실천하고 바키우스, 탄다시스, 마르키아누스**와 차례로 공부할 것. 학생으로서 문답 내용을 적을 것. 간이침대에서 자

---

* 아우렐리우스의 가정교사 중 한 명. 그림의 대가로 알려져 있다.
** 아우렐리우스의 철학 교사들로 알려져 있다.

고 망토를 걸치는 등 그리스식 생활방식을 택할 것. 이 모두가 그에게서 배운 교훈이다.

7 루스티쿠스*

내게 인격도야의 필요성을 깨닫게 해준 분.

덕분에 수사학에 관심을 가지느라 옆길로 빠져서는 안 된다는 것을 배웠다. 추상적인 문제에 관한 논문을 쓰거나, 훈계조의 짧은 설교를 해서는 안 되며, '검소한 생활'이나 '오로지 타인을 위해 사는 사람'을 상상해서 기술하는 글을 작성해서는 안 된다는 것도 배웠다. 웅변술과 시, 순수 문학을 피해야 한다는 것도 알게 되었다.

그저 집 주변을 거닐기 위해 옷을 차려입는 등의 일은 하지 말 것, 모름지기 편지는 단도직입적으로 솔직하게 쓸 것, 우리를 화나고 짜증 나게 만든 사람들이 화해를 원하면 잘 달래는 식으로 행동해야 함도 배웠다.

글을 읽을 때는 주의를 기울여 읽어야지, '그저 요점만 파악하는 것'으로 만족해서는 안 되며, 그럴싸한 감언이설에 속아 넘어가서는 안 된다는 교훈도 얻었다.

그는 나를 에픽테토스의 담론에 입문하도록 인도해 주었으며, 자신이 직접 작성한 필사본을 내게 빌려 주기도 했다.

---

* 아우렐리우스에게 가장 큰 영향을 끼친 것으로 평가되는 스승.

8 아폴로니우스*

그에게서 독립심과 한결같은 신뢰가 무엇인지, 또한 제아무리 찰나라 하더라도 로고스 외에는 그 무엇에도 주목하지 말아야 한다는 것을 배웠다. 극심한 고통을 겪건, 자녀를 잃건, 만성 질환에 시달리건 어떤 상황에서든 늘 변함없는 모습을 유지해야 한다는 가르침도 얻었다. 그를 본보기 삼아, 한 사람이 강인함과 유연함을 동시에 지닐 수 있다는 사실도 뚜렷하게 알게 되었다.

그가 가르칠 때 보이는 인내심에도 감명받았다. 또한 교사로서 전문성과 능력을 지녔음에도, 이를 가장 보잘것없는 미덕으로 여기는 모습도 그에게서 발견했다.

친구들에게 신세를 지면서도 자존감을 잃거나 배은망덕해 보이지 않는 법도 배웠다.

9 섹스투스**

그에게서는 친절함을 배웠다.

그는 한 가정의 가장, 아버지로서의 권위가 무엇인지를 보여주는 본보기였다. 또한 자연의 순리대로 산다는 것이 어떤 의미인지도 깨닫게 해주었다.

으스대지 않으면서도 위엄을 지키는 모습도 배웠다.

---

* 아우렐리우스에게 철학을 가르치고 스토아철학에 입문시켰다.
** 당대의 유명한 철학자 중 한 명.

친구들에게 직관적으로 공감하고, 서툴고 엉성하게 생각하는 사람들에게 관용을 베풀어야 함도 알게 되었다. 그는 누구와도 잘 지내는 능력을 지녔다. 그의 주변 사람들에게는 그와 한자리에 함께 있는 것이 최고의 칭찬이었으며, 그런 기회를 가지는 것이 큰 영예였다.

우리가 살면서 지켜야 하는 원칙을 분별력과 논리를 바탕으로 연구하고 분석해야 한다는 것도 그에게서 배웠다.

분노를 비롯한 여러 감정을 드러내지 말 것. 열정으로부터 자유롭되 사랑으로 충만할 것. 부풀리지 않으면서 칭찬할 것. 허세 부리지 않으면서 전문성을 보여줄 것. 이것들 역시 그를 보고 내가 배운 교훈들이다.

10 문법학자 알렉산더

그를 보면서, 사람들의 잘못을 항상 지적해서는 안 되며, 특히 어법이나 문법상 실수를 하거나 잘못 발음할 때마다 뜯어고치려 들지 말아야 한다는 것을 배웠다. 그 대신, 질문에만 답하거나, 새로운 예시를 더 들어주거나, 표현을 걸고넘어지지 말고 이슈 자체를 가지고 논하거나, 논쟁에 무언가 다르게 이바지할 것, 그러면서 티 나지 않게 은근슬쩍 올바른 표현을 끼워 넣어야 한다는 것도 깨달았다.

11 수사학 스승이었던 법률가이자 웅변가 프론토

권력이 지닌 악의와 교활함, 위선을 간파하고, '좋은 가문' 출신 사람들이 종종 보여주는, 인정사정 가리지 않는 무자비한 모습을 인지해야 한다고 배웠다.

12 플라톤학파 철학자 알렉산드로스

정말로 바쁜 것이 아니라면 사람들에게 항상 너무 바쁘다고 말하지 말 것(또는 편지에 그렇게 쓰지 말 것). 마찬가지로, '급한 용무'를 이유로 주변 사람들에게 자신의 책임을 전가해서는 안 된다는 것을 알게 되었다.

13 철학자 카툴루스

친구가 분한 마음을 표현하면 대수롭지 않게 대응할 것이 아니라 일을 바로잡으려 노력해야 하며, 스승에게는 아낌없는 존경을, 자녀에게는 거짓 없는 사랑을 보여야 한다는 것을 배웠다.

14 나의 형제 세베루스

그에게서 가족과 진리, 정의에 대한 사랑을 배웠고, 그를 통해 동등한 법이 적용되는 사회를 구상하게 되었다. 이런 사회는 신분의 평등과 표현의 자유가 보장되고, 백성의 자유를 존중하는 통치자가 지배하는 사회다.

또한 그에게서 철학을 소중히 여기는, 일관되고 꾸준한 마음을 배웠다.

다른 사람들을 돕고, 열심히 나누며, 비관주의자가 되지 말고, 친구의 우정을 절대 의심하지 말아야 한다는 것도 깨닫게 되었다. 그는 사람들이 탐탁지 않으면 늘 겉으로 내색했기에 그의 친구들은 그의 태도를 두고 한 번도 지레짐작할 필요가 없었다. 그의 태도는 항상 분명했기 때문이다.

15 막시무스

자제력과 집중력.

역경(특히 질병) 중에도 잃지 않는 낙관적인 태도.

위엄과 우아함이 조화를 이룬 균형 잡힌 성품.

군소리 없이 묵묵히 자기 일을 하는 모습.

다른 사람들에게 자기가 생각과 말이 같고 악의 없이 행동하는 사람이라는 확신을 주는 모습.

절대 놀라거나 걱정하지 않는 모습. 서둘거나 주저하지 않으며 당황하거나 방황하지 않는 모습. 아부하지 않지만 그렇다고 저돌적이거나 편집적이지도 않은 모습.

너그러움, 자비로움, 정직함.

한 방향에 매몰되었다기보다는 가던 길을 계속 간다는 꾸준함을 느끼게 하는 모습.

그 누구에게도 가르치려 든다는 인상을 주지도, 가르쳐야겠다는 생각이 들게도 하지 않는 모습.

유머 감각.

이 모두가 그를 보며 배운 것들이다.

16 나의 양아버지

그에게서 연민, 한번 결정하면 흔들림 없이 고수하는 자세, 피상적인 영예에 대한 무관심, 열심히 일하는 모습, 집요함을 배웠다.

그는 공공의 선에 일조하는 사람의 말이라면 가리지 않고 경청했고, 사람들에게 응당한 대우를 해야 한다는 강한 결의를 지녔으며, 언제 밀어붙이고 언제 물러설지를 알았고, 소년들에게 끌리는 마음을 사제했다.

이타심이 강했던 그는 만찬 자리에서 친구들이 그의 비위를 맞춰주거나 (원하지 않는데도) 여행에 동행하기를 기대하지 않았다. 처리해야 할 일 때문에 여행에 동참하지 못하고 남아야 했던 사람에게 그는 돌아와서도 늘 한결같이 대했다.

회합 자리에서는 탐색하는 질문을 계속해서 던졌고, 외골수와 같은 면이 있어서 결코 첫인상에 만족하는 법이 없었고, 논의가 무르익기 전에 멈추지 않았다.

그는 친구들에게 변치 않는 모습을 보였다. 절대로 누구에게 싫증을 내거나 누군가를 편애하지 않았다.

이뿐만 아니라 늘 자기 의존적이고 자기 주도적이었으며, 쾌활했다.

사전 계획을 철저히 수립했으며, 사소한 것까지도 사려 깊게 주의를 기울였다.

그는 다른 사람들이 자신에게 환호하거나 아부하지 못하도록 단단히 제한했다.

제국에 필요한 것을 위해 늘 헌신을 다했으며, 재무관리에 열심히 임했고, 책임과 비난을 회피하지 않고 기꺼이 감수했다.

그에게서 신들을 받들고 미신을 배척하는 태도와 사람을 대하는 태도를 배웠다. 그는 절대로 사람들을 선동하거나, 비위를 맞추거나, 영합하지 않았다. 항상 진지하고 꾸준했으며, 결코 저속하지도 일시적인 유행에 넘어가지도 않았다.

그는 풍족한 재산을 바탕으로 물질적 안락함을 누리되 오만하지 않았고 그렇다고 변명도 하지 않았다. 물질적 안락함이 있으면 십분 활용했지만, 없다고 아쉬워하지도 않았다.

그 누구도 그를 가리켜 입이 가볍다거나 후안무치하다거나 현학적이라 하지 않았다. 사람들은 그의 진면모를 알아보았다. 삶의 풍파를 헤치고 성취를 이룬 사람, 아부에도 흔들리지 않는 사람, 그 자신과 백성들을 통치할 자격이 있는 사람으로 인정했다.

그는 철학을 실천한 사람들, 최소한 철학에 진심인 사람들을 존중했다. 그렇지 않은 사람들을 깎아내리지는 않았지만, 그렇다고 그들의 말에 귀를 기울이지도 않았다.

그는 사람들과 편하게 지낼 줄 알았다. 사람들을 몰아붙이지 않으면서 그들을 편안하게 만들었다.

그는 자신을 적절하게 돌보려는 의지가 강했다. 건강 염려증이 있거나 외모에 집착하지는 않았지만, 그렇다고 이런 면을 완전히 무시하지는 않았다. 그 결과, 치료가 필요하거나 약을 먹거나 연고를 발라야 하는 등의 잔병치레가 거의 없었다.

특히 그는 웅변술, 법학, 심리학 등 어떤 분야건 전문가들에게 발언권을 주고, 그들 각자가 잠재력을 발휘할 수 있도록 열성적으로 그들을 지원하고자 했다.

그는 전통을 존중했지만, 그렇다고 자신이 우리의 전통적 가치를 수호한다고 자랑하지는 않았다.

또한 갑자기 궤도를 벗어나거나 이리저리 갈팡질팡하는 성향이 아니라, 늘 똑같은 오래된 장소와 오래된 것을 고수했다.

그는 편두통을 앓다가도 곧장 하던 일로 다시 돌아가 생생한 상태로 최고의 기량을 발휘할 줄 알았다.

그에게는 비밀이 거의 없었다. 그래도 국가 기밀만은 지켰는데, 사실 그렇게 많지는 않았다.

그는 대규모 대회, 건설 프로젝트, 금전 분배 등 합리적인 범위 안에서만 공적 조치를 취했다. 해야 할 필요가 있는 일만 고려 대상으로 삼았지, 그 일을 해서 얻게 될 명성은 고려하지 않았다.

그는 엉뚱한 시간에 목욕하지 않았고, 자기 마음대로 건설 프로젝트를 수립하지 않았다. 음식이나 의복의 재단과 색상, 노예를 부리는 데 관심이 없었다.

그는 결코 무례한 모습을 보이지 않았고, 자제력을 잃지 않았으며, 폭력적으로 돌변하지도 않았다. 그가 땀을 흘리는 모습을 본 사람이 아무도 없을 정도로 그는 매사에 충분히 고려해서 논리적으로 접근했다. 차분히 질서정연하면서도 단호하게 일을 매듭지었다.

(소크라테스에 대한 사람들의 평가가 그랬듯) 그도 사람들이 대부분 자제하기 힘들어하는 것을 자제할 줄 알았으며, 그러면서도 사람들이 쉽게 즐기는 것들을 즐길 줄도 알았다. 그는 즐기기와 자제하기, 두 영역에서 모두 강인함과 인내심, 자제력을 발휘했다. 이는 만반의 준비가 되어 있는 불굴의 정신을 지녔다는 징표와 같다.

17 여러 신들

그들 덕분에 내 옆에는 좋은 조부모, 좋은 부모, 좋은 누이, 좋은 스승, 좋은 하인과 친척, 친구가 거의 항상 있었다. 또한 신들 덕분에 나는 한 번도 이 주변 사람들 가운데 누구에게도 자제력을 잃은 모습을 보이지 않을 수 있었다. 내면의 자제력이 부족해서 자칫 쉽게 자제력을 잃을 수도 있었지만, 신들 덕분에 한 번도 그런 상황에 놓이지 않아서 시험에 들지 않을 수 있었다.

또한 신들의 은총으로 조부의 애인이 나를 너무 오랫동안 키우지 않아도 되는 상황이 되었다. 덕분에 너무 이른 나이에 순결을 잃지 않았으며, 때가 무르익어서야 (심지어 뒤늦게) 어른이 될 수 있었다.

이뿐만 아니라, 신들 덕분에 나를 오만에 빠지지 않게 이끌어 준 사람을 통치자이자 아버지로 모실 수 있었다. 그분은 내가 궁에서도 경호 부대와 멋진 옷, 램프, 조각상 등의 일체 가식 없이 살 수 있다는 사실을 깨닫게 해주셨다. 보통 사람처럼 행동하면서도, 통치자로서 공무를 수행할 때 단정함과 위엄을 잃지 않을 수 있다는 것 역시 깨닫게 해주셨다.

내 옆에 지금과 같은 동생이 있는 것도 모두 신들의 가호 덕분이다. 동생의 인격에 자극받아 나 역시 인격도야에 힘을 쏟았으며, 그의 사랑과 애정이 내 삶을 풍요롭게 만들었다.

또한 신들 덕분에 내 자녀들이 어리석거나 신체적 결함 없이 태어날 수 있었다.

내가 수사학이나 시학, 혹은 다른 분야에서 지금보다 더 많은 재능을 보이지 않은 것도 신들의 은총이다. 만약 그 분야에서 내 실력이 향상된다고 느꼈다면 나는 절대 포기하지 않았을지도 모른다.

또한 신들 덕분에 나를 키워준 사람들에게 일찍이 그들이 원했을 법한 훈장을 수여할 수 있었다. 그들이 아직 젊기에 나중에 수여할 수 있으리라는 생각으로 훈장 수여를 뒤로 미루지 않고서 말이다.

내가 아폴로니우스와 루스티쿠스, 막시무스를 알게 된 것, 자연의 순리대로 사는 것이 어떤 것인지 종종 뚜렷이 알 수 있었던 것도 다 신들 덕분이다. 그들은 (그들의 재능과 도움, 영감을 통해) 할 수 있는 바를 다하여 내가 자연의 순리대로 살 수 있다는 것을 보여주었다. 그렇더라도 만일 내가 실패한다면 그것은 다른 누구의 탓도 아니라 바로 내 탓이다. 왜냐면 실패의 원인은 내가 신들의 말에 (그들의 단계적 가르침에) 주의를 기울이지 않았기 때문이다.

특히나 내가 살아온 삶을 생각했을 때, 내 몸이 지금껏 잘 버텨준 것도 신들의 가호가 아닐 수 없다.

신들 덕분에 나는 한 번도 베네딕타나 테오도투스를 건드리지 않았으며, 나중에 욕정에 사로잡혔을 때조차도 거기서 헤어나와 회복할 수 있었다.

또한 루스티쿠스에게 종종 화가 나더라도 나중에 후회할 만한 일은 한 번도 하지 않고 무사히 넘어갈 수 있었다.

우리 어머니는 비록 요절하셨지만, 적어도 생의 마지막 몇 년을 나와 함께 지낼 수 있었던 것 역시 신들의 가호가 있었기 때문이다.

돈이 부족하거나 어려운 처지에 있는 사람을 도와주고 싶을 때마다 그럴 돈이 없다는 말을 한 번도 할 필요가 없었던 것도 신들의 은총이다. 또한 나 자신이 다른 사람에게서 도움을 받아야 하는 처지에 놓인 적이 없었던 것도 신들에게 감사한 일이다.

공손하고 애정 많고 겸손한 사람을 아내로 맞을 수 있었던 것, 내 자녀들이 유능한 스승들로부터 가르침을 받을 수 있었던 것도 모두 신들 덕분이다.

신들이 꿈을 통해 치료법을 알려준 것, 가령 내가 각혈하면서 발작처럼 현기증이 몰려왔을 때 그 치료법을 알려주고, 카이예타에서 치료법을 알려준 것도 감사한 일이다.

내가 철학에 흥미를 느끼게 되었을 때, 사기꾼에게 속아 넘어가서 논문을 쓰는 수렁에 빠지지 않은 것, 현학적인 과도한 논쟁에 몰두하거나 물리학에 집착하지 않은 것도 다 신들의 은총 덕분이다.

이 모든 것이 가능했던 것은 "우리에게 행운과 신들의 도움이 있었던 덕분이다."

제2권

1 아침에 눈을 뜨면 스스로 되뇌도록 하라. '오늘 나는 참견하기 좋아하고, 고마워할 줄 모르며, 오만하고, 정직하지 않으며, 질투심 많고, 무뚝뚝한 사람들을 상대하게 될 거야.' 그러나 그들이 이런 성품을 가지게 된 것은 선악을 분별할 줄 모르기 때문이다. 하지만 나는 선의 아름다움과 악의 추함을 두루 경험하면서, 잘못을 저지르는 사람의 본성과 나의 본성이 연결되어 있다는 것을 알게 되었다. 이는 우리가 같은 핏줄이나 같은 태생이라는 뜻이 아니다. 그 대신, 우리가 같은 마음을 지녔으며, 똑같이 마음 한편에 신성神性을 지니고 있다는 의미다. 그들 가운데 그 누구도 나를 해할 수 없다. 그 누구도 나를 추한 일에 말려들게 하지 못한다. 나 또한 나와 같은 부류인 사람에게 분노나 증오를 느끼지 못한다. 우리는 함께 일하기 위해 태어났기 때문이다. 두 발과 두 손, 두 눈, 윗니와 아랫니가 짝을 이루어 일하듯 말이다. 따라서

서로 상대를 가로막는 것은 자연의 순리에 어긋나는 일이다. 누군가에게 분노를 느끼고 그에게 등을 돌리는 것. 이런 것들이 바로 상대를 방해하는 것이다.

2 나의 현재 모습이 어떠하건, 나를 이루는 것은 육신과 정신과 지성이다. 네가 가지고 있는 책들은 버려라. 집중력을 잃는데도 손 놓고 가만히 있지 말라는 말이다. 그래서는 안 된다. 그 대신, 마치 지금 당장 죽기라도 할 것처럼 네 육신을 경멸해라. 어지러이 엉켜 있는 피, 뼛조각들, 복잡하게 얽혀 있는 신경과 징맥과 동맥을 멸시해라. 그런 다음, 정신이 무엇인지 곰곰이 생각하라. 정신은 공기다. 그러나 절대 똑같은 공기가 아니다. 매 순간 토해 내고 다시 꿀꺽 삼키는 공기다. 마지막으로 지성에 대해서는 이런 식으로 생각하라. 이제 네가 노인이라고 말이다. 그러니 더는 네 마음이 노예가 되지 않게, 이기적인 충동에 즉답하지 않게, 운명과 현재에 저항하지 않게, 미래를 불신하지 않게 하라.

3 신성한 것은 신의 섭리로 가득하다. 심지어 운運도 자연, 즉 신의 섭리가 지배하는 만물의 짜임새와 분리되어 있지 않다. 모든 것은 신의 섭리에서 비롯된다. 그다음이 필연성이다. 네가 속한 온 세상에 필요한 것들이 그 뒤를 잇는 것이다. 온 세상의 본질이 무엇이건, 그 본질을 유지하는 역할을 하는 것이 무엇이건, 이들은 모두 자연을 이루는 각 부분에 유익하다. 세상은 변화로

유지된다. 원소들과 그 원소들로 구성된 것들 안에서 일어나는 변화로 말이다. 이런 사실을 자명한 이치로 삼아라. 네게는 이 깨달음만으로도 충분하다. 책에 대한 갈증을 버려라. 그래야 응어리진 마음 없이, 유쾌하고 진실한 마음으로 가슴 밑바닥에서부터 신들에게 감사하며 죽음을 맞을 수 있다.

4   기억하라. 네가 얼마나 오랫동안 일을 미루어 왔는지를, 신들이 수없이 연장해 주었는데도 네가 얼마나 이를 활용하지 않았는지를. 너는 어느 시점이 되면 네가 어떤 세상에 속해 있는지 인식해야만 한다. 어떤 힘이 그 세상을 지배하는지, 너의 근원이 무엇인지 말이다. 또한 네게 주어진 시간에는 한계가 있으며, 이 시간을 스스로 자유로워지는 데 사용하지 않으면 시간은 사라져버리고 결단코 되돌아오지 않는다는 사실도 깨달아야 한다.

5   매 순간 로마인처럼 눈앞에 놓인 일에 엄밀하고 진지하게, 부드럽게, 기꺼이, 정의롭게 집중하라. 그 외에 네 집중력을 깨뜨리는 다른 모든 것에서는 벗어나라. 너는 얼마든지 그렇게 할 수 있다. 모든 일을 인생에서 마지막으로 하는 일인 것처럼 하면 된다. 더는 목표 없이 굴지 않고, 감정이 이성을 앞서게 하지 않고, 위선적으로 굴지 않고, 자기중심적이지 않고, 짜증 내지 않으면 된다. 알고 있는가? 만족스럽고 경건한 삶을 살기 위해 해야 하는 일은 얼마 되지 않는다. 네가 이렇게 할 수만 있다면 신들도

그 이상은 네게 요구할 수 없을 것이다.

6 그렇게 너 자신을, 네 영혼을 계속 비하하라. 그러면 얼마 지나지 않아 네 자존감을 지킬 기회는 사라지고 말리라. 누구나 단 한 번의 인생을 산다. 너의 인생도 거의 막바지에 다다랐다. 그런데도 너는 자신을 존중하는 대신, 너의 행복을 다른 사람들의 영혼이 좌우하도록 그들의 손에 맡겼구나.

7 외부의 일에 자꾸 마음이 쓰이는가? 그렇다면 자신을 위한 시간을 마련해서 무언가 가치 있는 것을 배우도록 하라. 더는 사방으로 주의가 분산되지 않게 하라. 다만, 다른 종류의 혼란에 빠지지 않게 단단히 자신을 지켜라. 일생을 힘겹게 일하더라도, 생각과 충동의 지향점이 없는 사람들은 시간을 허비하고 있는 셈이다. 아무리 열심히 일하더라도 말이다.

8 다른 사람들이 무슨 생각을 하든 무시하라. 이렇게 해서 실패한 사람은 아무도 없다. 하지만 너 자신이 무슨 생각을 하는지는 놓치지 말고 계속 파악해야 한다. 그렇지 않으면 어찌 불행해지지 않겠는가?

9 반드시 명심할 것들이 몇 가지 있다.
세상의 본질

나의 본성.

나와 세상의 관계.

내가 세상에서 차지하는 비중.

내가 자연의 일부이며, 그 누구도 내가 늘 자연과 조화롭게 말하고 행동하는 것을 막지 못한다는 사실.

10 테오프라스투스는 (사람들이 보통 하는 식으로) 죄를 비교하며 말했다. 욕망 때문에 죄를 저지르는 자들은 분노 때문에 죄를 범하는 자들보다 나쁘다고. 이것은 훌륭한 철학이다. 화를 내는 사람은 일종의 고통과 내면의 격변 때문에 이성을 등지는 것처럼 보인다. 반면, 쾌락의 지배를 받아 욕망에 따라 행동하는 사람은 더욱 자기 멋대로 굴고, 자기가 저지른 죄 앞에서 더 남자답지 못하게 행동하는 것 같다. 따라서 테오프라스투스의 말이 옳다. 철학적으로도 맞는 말이다. 쾌락으로 인해 저지른 죄는 고통으로 인해 저지른 죄보다 혹독한 질책을 받을 만하다. 화가 난 사람은 고통 때문에 화를 내게 된, 잘못된 행동의 피해자에 더 가깝다. 반면, 욕망에 따라 움직이는 사람은 자기 스스로 잘못에 뛰어드는 것이다.

11 너는 지금 당장이라도 삶을 마감할 수 있다. 이 깨달음에 따라 너의 행동과 말과 생각을 결정하라. 신들이 존재한다면 인간 세계를 버리고 떠나도 무섭지 않다. 절대로 신들은 네게 해가 가

게 하지 않을 테니. 게다가 만약 신들이 존재하지 않는다면, 혹은 우리에게 무슨 일이 벌어지든 신들이 개의치 않는다면 신이나 신의 섭리가 존재하지 않는 세상에서 사는 것이 무슨 의미가 있겠는가? 하지만 신들은 분명 존재한다. 그들은 우리에게 무슨 일이 생길지 염려한다. 그래서 어떤 사람이 실제로 해를 입지 않도록, 이에 필요한 모든 것을 그 사람의 내면에 마련해두었다. 만약 죽음 저편에 해로운 무언가가 있다면 신들은 이를 피할 능력을 너의 내면에 이미 심어두었을 것이다. 네 인격을 해치지 않는 것이 어찌 네 삶을 해칠 수 있겠는가? 자연은 이 같은 위험을 알아보지 못해서, 혹은 알아보더라도 방지하거나 고칠 힘이 없어서 그냥 방관하지는 않았을 것이다. 또한 자연은 능력이나 역량이 없어서 선인과 악인에게 무차별적으로 좋은 일과 나쁜 일이 생기게 하는 등의 실수는 절대 하지 않을 것이다. 하지만 삶과 죽음, 성공과 실패, 쾌락과 고통, 부유함과 가난함, 이 모든 것은 선인이든 악인이든 모두에게 똑같이 일어난다. 그래서 이것들은 고귀하지도 부끄럽지도 않으며, 따라서 좋은 것도 나쁜 것도 아니다.

12 세상 모든 것(세상 만물과 그에 대한 기억)이 때가 되어 사라지는 속도. 우리가 감각으로 경험하는 것들, 특히 쾌락으로 꾀거나, 고통으로 겁을 주거나, 자부심을 요란하게 심어주는 것들의 실제 본질. 이러한 것들이 얼마나 어리석고 가증스러우며, 더럽고 부패하며 죽은 것인지 파악하는 일이 바로 우리의 지적 능력을 발

휘해야 하는 일이다. 견해와 목소리로 명성을 쌓는 사람들이 실제로 어떤 자리에 도달하는지 파악하는 일도 마찬가지다. 또한 죽는다는 것이 무엇인지 이해하는 데에도 우리의 지적 능력을 쏟아야 한다. 추상적으로 죽음을 바라보면서 죽음에 대한 상상을 논리적으로 분석한다면 죽음이 자연의 한 과정에 불과하다는 것, 어린아이들이나 두려워할 법한 것임을 깨닫게 될 것이다 (죽음이 단지 자연의 과정 중 하나에 그치는 것이 아니라, 꼭 필요한 과정이라는 사실을 깨닫게 되리라). 인간이 어떻게 신에게 매달리는지, 인간의 어떤 부분이 그렇게 하는지, 그럴 때 그런 부분이 어떻게 영향을 받는지도 알게 될 것이다.

13 열심히 제자리만 맴도는 사람들만큼 한심한 것은 없다. 이들은 '표면 아래 묻혀 있는 것을 파헤치면서' 주변 사람들의 머릿속을 탐색한다. 그러면서도 자기 내면의 힘에 주목하고 진심으로 이를 경배하기만 하면 된다는 사실은 절대 깨닫지 못한다. 자기 내면의 힘을 숭배하면 이 힘이 혼란으로 더럽혀지지 않고, 방향을 잃지 않고, 신성이건 인성이건 본성에 불만을 느끼지 않게 할 수 있다. 신성한 것은 좋은 것이기에 우리의 존경을 받아 마땅하다. 인간적인 것은 우리와 닮았기에 마땅히 우리가 애정을 쏟을 만하다. 때로 우리는 끔찍하게도 눈이 멀어 흑백을 분별하지 못하듯 선악을 구별하지 못하는 것을 동정하기도 한다.

14 네가 앞으로 3천 년 넘게 혹은 그보다 열 배는 더 오래 살게 되더라도 반드시 명심하라. 지금 네가 사는 삶 말고 새로 또 다른 삶을 흘려보낼 수도 없고, 네가 흘려보내는 삶 말고 새로 또 다른 삶을 살 수도 없다. 가장 긴 삶이나 가장 짧은 삶이나 결국은 같다. 현재는 누구에게나 똑같다. 현재를 흘려보내는 것도 누구나 마찬가지다. 여기서 분명히 짚고 넘어가야 할 것이 있다. 우리가 흘려보내어 잃게 되는 것은 찰나의 순간이 전부다. 왜냐면 과거나 미래를 잃을 수는 없기 때문이다. 가지고 있지 않은 것을 대체 어떻게 잃을 수 있겠는가?

다음 두 가지 사실을 명심하라.

첫째, 모든 것은 언제나 변함없으며 계속해서 되풀이된다. 그래서 같은 일이 백 년 뒤에 반복되건, 2백 년 뒤에 반복되건, 혹은 무한한 시간이 흐른 뒤 다시 반복되건, 달라지는 것은 없다.

둘째, 가장 오래 산 사람이나 가장 빨리 죽는 사람이나 잃는 것은 매한가지다. 그들이 포기할 수 있는 것은 오로지 현재뿐이다. 왜냐면 우리가 가진 것이라곤 현재가 전부이기 때문이다. 가지지 않은 것을 잃을 수는 없는 법이다.

15 "모든 것은 그저 하나의 인상에 불과하다."

견유학파 모니무스가 한 말이다. 이 말은 꽤 뻔한 말이다. 하지만 그 핵심을 그대로 받아들인다면 유용한 말이 될 수 있다.

16 인간의 영혼이 자신을 갉아먹는 경우는 언제일까?

첫째, 세상과 동떨어져 자라는 종기와 같은 존재가 되려고 최선을 다할 때. 어떤 일이 벌어지건 불만스러워한다면 이는 만물의 본질을 이루는 자연과 분리되어 멀어지는 것이다.

둘째, 인간의 영혼이 다른 사람에게 등을 돌리거나, 화가 난 사람들의 영혼이 그렇듯 다른 사람에게 해를 입히려 할 때.

셋째, 인간의 영혼이 쾌락이나 고통에 압도될 때.

넷째, 가면을 쓴 채 인위적이거나 거짓된 행동을 하거나 말을 할 때.

다섯째, 목적의식 없이, 닥치는 대로 맥락 없이 행동하고 충동을 느낄 때이다. 가장 사소한 것들에게도 지향하는 목표가 있어야 한다. 하지만 이성적 존재의 목표는 가장 오래된 공동체와 자연의 규칙과 법을 따르는 것이다.

17 인생은 어떤 특징이 있을까?

지속 기간 : 한순간.

본질 : 변화무쌍.

인지능력 : 희미함.

육신의 조건 : 쇠퇴함.

영혼 : 공전함.

운명 : 예측 불가.

오래 지속되는 명성 : 불확실함.

총평 : 육신과 육신을 이루는 각 부분은 강물과 같고, 영혼은 꿈이나 안개와 같다. 인생은 전쟁이자 집을 떠난 먼 여정과 같고, 오래 지속되는 명성은 망각과 같다.

그렇다면 무엇이 우리에게 안내자가 되어줄까?

오로지 철학뿐이다. 다시 말하면, 철학은 내면의 힘이 공격받지 않고 안전한 상태, 쾌락과 고통보다 우월한 상태를 유지하게 해준다. 그 무엇도 닥치는 대로 하지 않게 해주고, 정직하지 않게 남을 속이면서 하지 않게 해준다. 다른 사람이 무엇을 하건 혹은 하지 않건, 그에 좌우되지 않게 해주기도 한다. 또한 무슨 일이 벌어지고 무엇이 주어지건, 이것 역시 내면의 힘과 같은 곳에서 생겨난 것으로 받아들이게 해준다. 무엇보다도 철학 덕분에 내면의 힘은 죽음을 쾌활한 정신으로 받아들인다. 즉, 죽음이란 각각의 생명체를 이루는 요소들이 소멸하는 것에 불과하다고 여기게 된다. 개개의 요소가 끊임없이 다른 모습으로 변해도 아무런 해가 되지 않을진대, 모든 요소가 변하고 분리되는 것을 두려워할 이유가 있을까? 이는 어디까지나 자연의 순리에 맞는 일이다. 자연스러운 것 가운데 해로운 것은 아무것도 없다.

제3권

1 하루하루 지날수록 우리 삶은 소모되고 남은 시간은 줄어든다. 맞는 말이다. 그런데 이것이 전부가 아니다. 만약 우리가 더 오래 산다면 세상을 이해하는 능력과 사유를 통해 신성과 인간을 파악하는 마음의 능력도 여전하리라 확신할 수 있을까? 마음이 갈피를 잡지 못하기 시작해도 우리는 여전히 숨을 쉬고, 음식을 먹고, 상상을 펼치고, 충동을 느끼는 등의 일을 이어간다. 하지만 우리 능력을 최대한 발휘하고, 우리 의무가 무엇인지 생각하고, 보고 듣는 것을 분석하고, 그만할 때인지 아닌지를 결정하려면 건강한 마음이 필요하다. 그런데 마음이 흔들린다면 이 모든 일은 할 수 없게 된다.

그러므로 우리는 서둘러야 한다. 날마다 죽음에 가까워진다는 이유 때문만은 아니다. 미처 죽음에 도달하기 전에 우리의 이해력(세상을 파악하는 능력)이 사라져버릴 수도 있기 때문이다.

2   우리는 명심해야 한다. 자연이 저지른 실수에도 그만의 매력, 마음을 끄는 그만의 힘이 있다. 가령, 오븐 속에서 빵이 구워지면 윗부분이 갈라진다. 이 과정에서 위로 솟은 부분들은 빵을 구우며 생긴 부산물에 불과하지만, 어쩐 일인지 마음을 흡족하게 한다. 이유는 몰라도 덕분에 우리 식욕이 북돋아진다.

또 다른 예로, 무화과가 익어서 터지기 시작하는 모습을 들 수 있다. 나무에 달려 떨어지기 직전 상태에 있는 올리브도 마찬가지다. 쇠락의 그림자가 드리우면서 올리브의 독특한 아름다움이 느껴진다.

밀이 익으면서 자기 무게 때문에 고개를 숙이는 것, 사자의 주름진 이마, 멧돼지가 입에 거품을 무는 것도 마찬가지다.

이외에도 또 있다. 이것들을 하나하나 따로 떼어 보면 아름다운 구석이라고는 한 군데도 없다. 하지만 이들은 자연을 보완하여 풍요롭게 만들어 우리 마음을 사로잡는다. 자연을 사랑하는 사람이라면, 더 예민한 감수성을 지닌 사람이라면 이 모두가 즐거움을 준다는 것을 안다. 심지어 무심코 저지른 것 같은 실수도 그렇다. 그런 사람은 살아 있는 동물의 턱도 그림이나 조각 속 턱만큼 아름답다고 여긴다. 그런 사람은 남녀를 불문하고 고령에서 우러나오는 색다른 아름다움과 어린아이들의 사랑스러움을 차분히 들여다본다. 그런 사람은 이와 같은 것들, 즉 다른 사람들은 포착하지 못하는 것들을 꾸준히 알아본다. 이런 것들은 자연과 자연이 빚은 작품을 편하게 느끼는 사람들만 알아볼 수 있다.

3 히포크라테스는 많은 병을 고쳤다. 그리고는 병들어 죽었다. 칼데아의 점성가들은 다른 사람들의 죽음을 예언했다. 그리고 때가 되어 그들 자신도 죽음의 시간을 맞았다. 너무도 많은 도시를 완전히 폐허로 만들고 전장에서 수많은 보병과 기병을 쓰러뜨렸던 알렉산드로스, 폼페이우스, 카이사르. 그들 역시 결국에는 이승을 떠났다. 헤라클레이토스는 세상이 화염에 휩싸여 멸망하리라고 종종 말했다. 그런데 정작 그의 목숨을 앗아간 것은 수분이었다. 이 수종을 치료하기 위해 그는 온몸에 쇠똥을 바른 채 죽었다. 데모크리토스는 평범한 해충 때문에 죽었고, 소크라테스는 인간들이 죽였다.

그렇다면 여기서 무엇을 깨달을 수 있을까?

너는 인생이라는 배에 올라타 돛을 펼치고 항해에 나서서 여기까지 왔다. 이제 하선할 시간이다. 배에서 내린 뒤, 또 다른 삶이 기다린다면 그곳에서도 늘 신들이 함께하리라. 만약 하선했는데 아무것도 없다면 더는 고통과 쾌락을 감수할 필요가 없다는 의미다. 혹은 산전수전 다 겪은 껍데기와 같은 네 육신의 비위를 더는 맞출 필요가 없다는 뜻이다. 육신이라는 껍데기는 그 안에 담고 있는 것보다 훨씬 더 열등한 존재다.

육신이라는 상자에 담겨 있는 것은 마음과 정신이며, 육신은 결국 흙과 쓰레기일 뿐이다.

4 네게 남은 시간을 다른 사람들을 걱정하는 데 허비하지 말

라. 공동선에 영향을 주는 일이 아니라면 말이다. 그러다 보면 유익한 일을 하지 못하게 되기 때문이다. 누가 무슨 일을 하는지, 왜 그런지, 사람들이 무슨 말을 하고 무슨 생각을 하는지, 또 무슨 일을 벌이고 있는지 과도하게 신경 쓰다 보면 너 자신의 마음에 집중하지 못하게 된다.

생각의 흐름 속에서 반드시 피해야 하는 것들이 있다. 되는 대로, 관련 없이 아무렇게나 생각하는 것. 물론 으스대거나 악의적인 생각도 하지 말아야 한다. 이렇듯 가려서 생각하는 버릇이 몸에 배야 한다. 그래야 "당신은 지금 무슨 생각을 하고 있는가?"라고 누가 물었을 때, 이런저런 생각을 하는 중이라고 즉각 (거짓 없이) 대답할 수 있다. 이런 네 대답을 들으면 네가 단도직입적이고 사려 깊은 생각을 한다는 것을 즉시 알 수 있다. 즉, 이기적이지 않은 사람처럼 생각한다는 것이 뚜렷이 드러난다. 그런 사람은 쾌락이나 감각의 방종, 사소한 다툼, 모략, 시샘 등 창피한 생각에는 관심이 없다.

그런 사람은 신들의 종, 즉 사제와 같은 부류다. 그런 사람은 자기 내면에 있는 것과 접촉한다. 덕분에 그는 쾌락에 더럽혀지지 않고, 어떤 고통에도 취약해지지 않으며, 오만함에 동요되지 않고, 비열함에도 끄떡없다. 그런 사람은 세상에서 가장 위대한 경기에 나선 선수와 같다. 그래서 어떤 일이 벌어지더라도 압도되지 않기 위해 고군분투한다. 그런 사람의 내면은 정의로 물들어 있다. 무슨 일이 닥치건, 무슨 일이 주어지건 진심으로 반기고,

다른 사람들이 무슨 말을 하는지, 무슨 행동을 하는지, 무슨 생각을 하는지 너무 자주 걱정하거나 이기적인 동기를 가지고 염려하지 않는다.

그런 사람은 오로지 자기 할 일만 하고, 세상살이 중에 그에게 닥쳐올 일만 끊임없이 고민한다. 그러면서 최선을 다하고 이 모두가 결국은 가장 좋은 결과를 가져오리라 믿는다. 왜냐면 우리 운명은 우리가 일구는 것이고, 그러다 보면 운명이 우리를 이끌어주기 때문이다.

그런 사람은 늘 명심한다. 합리적인 것들은 모두 관련되어 있으며, 모든 인간을 좋아하는 것이 인간다운 삶의 일환이라고. 그렇다고 모든 사람의 견해를 공유해야 한다는 의미는 아니다. 우리는 자연에 부합하는 삶을 사는 사람들의 말에만 귀를 기울여야 한다. 그러면 그렇지 않은 사람들에게는 어떻게 해야 할까? 그들이 어떤 부류의 사람이며, 어떤 사람들과 어울리는지 유념해야 한다. 그러면서 그들이 하는 칭찬에는 관심을 두지 말아야 한다. 그런 사람들은 자기가 세운 기준조차 충족하지 못하기 때문이다.

5 어떻게 행동해야 할까?

절대 억지로, 이기심에서, 미리 생각하지 않고, 불안해하면서 행동하지 말 것.

생각을 포장하거나 꾸미지 말 것.

과도한 말이나 불필요한 행동을 삼갈 것.

한 사람의 남자, 어른, 시민, 로마인, 동치자다운 정신을 내면에 품을 것. 병사처럼 자기 위치를 지키면서, 삶에서 복귀하는 날을 인내하며 기다릴 것. 맹세나 증인을 필요로 하지 말 것.

쾌활할 것. 그러면서도 다른 사람들에게 도움을 요구하거나 다른 사람들 덕에 평온함을 누리지는 말 것.

다른 사람에 의해 바로 서는 것이 아니라, 스스로 올곧게 일어설 것.

6 살면시 어느 시집엔가 성의와 정직, 자제력, 용기보다 더 훌륭한 무언가와 마주치게 된다면 어떻게 해야 할까? 스스로 합리적으로 행동할 수 있었던 것에 만족하는 마음, 통제 범위 밖의 것을 받아들이며 만족하는 마음보다 훌륭한 것을 만나게 된다면 어떻게 해야 할까? 이보다 훌륭한 것을 발견한다면 거리낌 없이 받아들이고 최대한 즐기도록 하라. 그것은 참으로 비범한 것이 틀림없을 테니.

하지만 내면의 정신보다 우월한 것이 아무것도 없다면 어떻게 해야 할까? 내면의 정신은 각각의 욕망을 억제하고, 인상을 구별하며, (소크라테스가 늘 말했듯) 육체의 유혹에서 벗어나고, 신들에게 종속되며, 인간의 행복을 찾는다. 그런데 이보다 더 중요하거나 가치 있는 것은 없다는 사실을 알게 된다면 어떻게 해야 할까?

그렇다면 이외에는 다른 어떤 것에도 여지를 주지 말라. 자칫 길을 잃게 되거나, 길을 벗어나도록 유도되거나, 온전히 자신을 헌신하여 자기만의 선량함을 이루지 못할 수도 있다. 무엇이건 합리적인 존재이자 한 사람의 시민으로서 네가 선량함에 도달하는 데 방해가 된다면 잘못이다. 군중의 환호, 고위직, 부, 방종 등 그 무엇도 마찬가지다. 이들 모두 잠깐은 우리 정신과 양립 가능한 듯 보일 수도 있다. 하지만 어느 순간 갑자기 우리를 통제하여 싹 쓸어버린다.

그러므로 단도직입적으로 최종 선택한 뒤, 이를 고수하도록 하라. 이때, 최선의 것을 선택하라.

최선의 것이란, 내게 이로운 것을 말한다.

이성적 존재로서의 나에게 이로운 것이라면 그것을 끝까지 완수하라. 또는 그저 동물로서의 나에게 이로운 것이라면 그렇다고 말하고 나의 의견을 고수하되 이를 과시하지는 말라.

7 신뢰를 배신하거나 수치심을 모르게 만드는 것이 있다면 절대로 도움이 되는 것이라 여기지 말라. 증오나 의심, 악의, 위선을 품게 만드는 것, 또는 비밀리에 해야 최선의 결과가 나오는 것들에 대한 욕망을 불러일으키는 것들도 마찬가지다. 자기 마음과 자신을 인도하는 정신을 가장 중요시하여 이런 마음과 정신의 힘을 추앙한다면 과장되게 행동하거나 울부짖거나 이를 갈 일은 없을 것이다. 고독해질 필요도, 수많은 사람도 필요 없을 것이다. 무엇보다도, 두려움과 욕망으로부터 자유로워질 것이다. 육신이

그 안에 사는 영혼을 얼마나 오래 품을지도 단 한 순간의 걱정거리가 되지 못할 것이다. 세상을 하직할 시간이 되면 기꺼이 떠나라. 우아하고 영예롭게 마무리할 수 있는 일을 완수하듯 말이다. 사는 내내 집중해야 할 일은 한 가지다. 올바른 마음 상태, 즉 합리적이고 공민다운 마음 상태를 유지하는 것이다.

8   올곧고 깨끗한 사람의 마음에는 고름이나 때, 딱지가 없다.

연극이 끝나기도 전, 플롯이 마무리되기도 전에 배우가 연기를 중단하듯, 갑자기 죽음이 개입하여 그의 삶을 끊어버리는 일은 없다.

그의 사전에는 비굴함도, 오만함도 없다. 굽신거림도, 업신여김도 없다. 변명도, 회피도 없다.

9   자기 생각을 통제하는 능력을 존중하라. 그것만이 네 본성과 모든 이성적 존재의 본성에 맞지 않는 그릇된 인식을 막아줄 네 마음의 방패다. 이런 능력이 있으면 사려 깊고, 다른 사람들에게 애정을 가지고, 신성에 순종하는 것이 가능해진다.

10   다른 것은 모두 잊고 오로지 이것 하나만 명심하라. 우리는 모두 각자 지금, 이 찰나의 순간만을 사는 것임을. 그 나머지는 이미 살았거나 현재로서는 알 수 없는 시간이다. 전체 시간을 놓고 보면 지금 우리가 살아가는 구간은 매우 작다. 그 시간을 사

는 우리가 발을 딛고 있는 땅 모퉁이만큼 작다. 아무리 세상에서 가장 위대한 명성이라 해도 오래가지 않기는 마찬가지다. 이런 명성은 자기 자신과 오래전에 죽은 자들에 대해 모두 무지한, 수명 짧은 보통 사람들의 입에서 입으로 전달되기 때문이다.

11 앞서 언급한 내용에 한 가지 더 추가할 것이 있다. 무엇이 됐건 우리가 인식하는 것이라면 항상 뚜렷하게 윤곽을 잡고 규정해라. 그래야 실제로 그것이 무엇인지, 그 실체를 알 수 있다. 즉, 가리는 것 없이 벌거벗은 상태, 변경하지 않은 상태로 전체를 통틀어 파악할 수 있다. 또한 우리가 인식하는 것을 (그것 자체만이 아니라 그것을 구성하는 요소들도) 제 이름으로 부르도록 해라. 결국 그것은 자신을 구성하는 요소들로 되돌아가기 마련이다. 일어나는 모든 일을 논리적으로 정확히 분석하는 이런 능력만큼 정신적 성장에 도움이 되는 것은 없다. 이런 능력에 주목하여 그것이 어떤 세상에서 어떤 욕구를 충족시키는지 파악해라. 그리고 전체적으로는 그 세상에서, 개별적으로는 인간에게 그런 능력이 어떤 가치를 지니는지도 살펴라. 인간은 다른 모든 도시를 안에 품고 있는 세상이라는 고등한 도시의 시민이다.

지금 내 주의를 끄는 이것은 무엇인가? 이것은 무엇으로 이루어져 있나? 얼마나 오래 지속되도록 설계되었나? 이것에 집중하려면 내게 어떤 자질이 필요할까? 차분함, 용기, 정직, 신뢰감, 단도직입적인 솔직함, 독립심, 그리고 또 무엇이 필요할까?

그럴 때마다 이렇게 말해라. "이것은 신 때문이다." "다 얽히고 설킨 운명 때문이다. 우연이나 운 때문이다." "이는 한 인간 때문이다. 같은 인종, 같은 가문, 같은 사회 출신이지만, 자연이 무엇을 요구하는지 모르는 누군가의 탓이다. 하지만 나는 안다. 그래서 나는 우리를 묶어주는 자연이 요구하는 대로 그들을 대할 것이다. 친절하고 정의롭게. 그렇다면 중요하지 않은 하찮은 일들은 어떻게 할 것인가? 최선을 다해 그에 걸맞게 다룰 것이다."

12 성실하고 기운차게 인내를 가지고 원칙에 따라 일하라. 주의를 산만하게 하는 것에서 벗어나 집중을 유지하고, 내면의 정신이 훼손되지 않게 하라. 마치 언제든 정신을 반납해야만 하는 것처럼.

두려움이나 기대 없이 이를 받아들여라. 초인적인 진실함(모든 말과 표현) 안에서, 자연의 순리대로, 지금 하는 일에서 성취감을 느끼도록 하라. 그러면 네 삶은 행복해지리라.

이를 막을 자는 아무도 없다.

13 의사는 응급 상황에 대비해서 메스와 기타 의료 기구를 늘 가까운 곳에 준비해둔다. 이렇듯 너도 철학을 늘 대비시켜라. 언제든 곧바로 천상과 지상을 이해할 수 있도록. 모든 일을 할 때, 심지어 아무리 작은 일이라도 그들을 연결하는 연결고리를 기억하라. 지상의 그 어떤 것도 천상을 간과해서는 성공하지 못한다.

천상의 그 어떤 것도 지상의 것을 몰라서는 안 된다.

14 방황을 멈춰라. 《간략한 논평》이나 《고대 그리스와 로마 사람들이 이룬 위업》 등 나이 들어 읽으려고 보관해둔 비망록들을 다시 읽을 일은 없을 테니. 결승선을 향해 전력으로 달려라. 희망을 버려라. 네게 행복이 중요하다면 할 수 있을 때 너 자신을 구원하라.

15 사람들은 깨닫지 못한다. 훔치고, 씨 뿌리고, 사고, 쉬고, 비즈니스를 처리하는 일 안에 얼마나 많은 것이 포함되는지.

16 육신. 영혼. 마음.

감각 : 육신.

욕망 : 영혼.

추론 : 마음.

감각 경험하기 : 풀을 뜯어 먹고 사는 짐승들도 다 하는 것.

욕망에 몸을 맡기기 : 야생동물들, 발정기의 인간과 팔라리스부터 네로에 이르기까지의 폭군들조차 다 하는 것.

최선을 추구하는 마음 가지기 : 신을 부인하는 사람들도 다 하는 것. 조국을 등지는 배신자들, 비밀리에 나쁜 행위를 하는 사람들조차 다 하는 것.

나머지 모든 것이 흔한 동전처럼 특별할 것 하나 없다면 유일

무이하게 선한 사람에게만 있는 것은 무엇일까? 선한 사람이 되려면 어떻게 해야 할까?

운명이 보내온 것을 애정을 가득 담아 환영하라. 많은 그릇된 믿음으로 자기 내면의 정신을 얼룩지게 하거나 방해하지 말라. 그 대신, 진실하지 않은 말은 입에 담지 않고 부당한 행동은 하지 않으면서 차분하게 신에게 순종함으로써 충실하게 정신을 보존하라. 행여 다른 사람들이 소박하고, 겸손하며, 쾌활하게 산 이 삶을 인정하지 않더라도, 선인은 분개하지도 단념하지도 않은 채 그 삶이 인도하는 길을 계속 따라간다. 삶이 끝날 때까지, 이런 삶이 끝나는 곳에 도달하려면 피할 수 없는 운명과 평화로이 결속하여 순수하고 평온하며 수용적인 태도를 지녀야 한다.

제4권

1 우리 내면의 힘은 자연의 본성을 따를 때, 그 힘이 직면하는 일에 순응한다. 내면의 힘에는 특별한 재료가 필요 없다. 이 힘은 주변 환경이 허락하는 대로 자신만의 목표를 추구한다. 장애물을 만나면 목표를 추구하는 데 필요한 연료로 만들어버린다. 등잔불을 꺼버릴 수 있는 것이라 해도 이것을 불길로 압도하는 것과 마찬가지다. 내면의 힘은 큰불 위로 던져지는 것을 흡수해서 태워버린다. 그렇게 해서 그 힘이 더 높이 불타오르게 한다.

2 닥치는 대로 행동해서는 안 된다. 원칙을 바탕으로 깔지 않은 행동은 금물이다.

3 사람들은 일상의 번잡함을 뒤로하고 시골로, 해변으로, 산으로 홀홀 떠나려고 애쓴다. 너도 마찬가지 바람을 늘 품고 있다.

하지만 이는 어리석기 짝이 없는 생각이다. 원하면 너는 언제든 홀홀 털어버리고 얼마든지 일상에서 벗어날 수 있다.

마음속 내면으로 들어가기만 하면 된다.

네가 갈 수 있는 곳 가운데 너의 영혼보다 더 평화로운 곳(방해를 받지 않는 곳)은 없다. 다른 것들에 의존해야 하는 경우 특히 그렇다. 그 안에서는 찰나의 기억에 이어 완전한 고요함이 찾아온다. 여기서 고요함이란 일종의 조화로움을 의미한다.

그러니 이런 식으로 일상에서 벗어나는 노력을 계속하라. 일신우일신 하라. 단, 짧고 굵게 기본에 충실하라. 잠깐의 방문만으로도 충분히 배운 이나. 잠시 내면에 머무는 것만으로도 일상의 모든 것을 충분히 물리칠 수 있다. 그러면 앞으로 다가올 일을 그대로 직면하겠다는 각오로 충전되어 일상으로 다시 돌아올 수 있다.

대체 무엇이 불평거리란 말인가? 사람들의 나쁜 행동? 그렇다면 부디 다시 한번 이렇게 생각해 보기 바란다.

이성적 존재는 서로를 위해 존재한다.

때로는 옳은 일을 할 때 인내가 요구된다.

일부러 잘못을 저지르는 사람은 없다.

얼마나 많은 사람이 반목하고, 시기하고, 증오하고, 싸우고, 죽고, 묻혔는지 모른다.

그러니 아무 말 하지 말라.

혹시 네게 지워진 세상의 짐이 불만스러운가? 그렇다면 두 가지 중 하나라고 생각해라. 세상은 신의 섭리 아니면 원자로 이루어져 있다고. 그리고 세상을 일개 도시로 봐야 한다는 주장들도 모두 고찰해보라.

아니면 네 육신이 불만스러운가? 그렇다면 명심하라. 마음이 육신을 떠나면서 자신의 본성을 깨달을 때가 되면 더는 평범한 삶이란 없다. 거친 삶이건 무난한 삶이건 말이다. 그리고 고통과 쾌락에 관한 모든 가르침을 유념하라.

혹은 너를 괴롭히는 것이 명성인가? 하지만 우리 모두 얼마나 빨리 잊히는지를 보라. 끝없는 시간의 심연은 모든 것을 집어삼킨다. 우리가 받는 박수는 얼마나 공허한가. 우리에게 환호하는 사람들, 그들은 얼마나 변덕스럽고 제멋대로인가. 이 모든 일이 벌어지는 장소는 얼마나 작디작은가. 지구 전체라 해도 우주 공간에서는 일개 점에 불과한데, 그런 지구에서도 사람이 살지 않는 곳이 대부분이다. 그러니 그곳에서 감탄의 눈으로 너를 바라볼 사람이 과연 얼마나 되겠는가? 또 그들은 과연 어떤 사람들일까?

그러므로 이런 마음의 피난처, 즉 자아의 뒤안길을 마음속에 간직해라. 무엇보다도 압박감이나 스트레스를 받지 말라. 단도직입적으로 솔직하라. 한 사람의 남자, 인간, 시민, 죽음을 면치 못하는 보통 사람의 눈으로 만사를 바라보라. 그리하여 다음과 같은 깨달음을 얻어라.

1) 상황이 영혼을 장악하지는 못한다. 상황은 영혼 밖에서 움직이지 않고 그대로 있다. 소란은 오로지 내면에서(우리 자신의 인

식에서) 비롯된다.

2) 눈에 보이는 모든 것은 이내 변하고 존재하지 않게 된다. 우리는 이미 얼마나 많은 변화를 목격했던가.

"세상은 변화 그 자체일 뿐이며, 우리 삶은 인식에 불과하다."

4 우리가 생각을 공유할 수 있다면 우리를 이성적 존재로 만드는 것, 즉 이성도 마찬가지다.

해야 할 것과 해서는 안 되는 것을 알려주는 이성 역시 공유할 수 있다는 말이다.

그렇다면 우리는 관습법도 공유할 수 있다. 이렇게 되면 우리는 같은 시민이 된다.

무언가를 공유하는 동료 시민 말이다.

이런 경우, 우리의 국가는 세상이 된다. 모든 인류가 소속된 곳이라면 세상 말고 무엇이 있겠는가? 그곳으로부터(우리가 공유하는 세상이라는 이 국가로부터) 사고와 이성, 법이 비롯된다.

이것들이 세상 말고 다른 어느 곳에서 비롯될 수 있겠는가? 나를 구성하는 흙은 흙에서 파생되고, 물은 다른 원소에서, 공기는 그만의 원천에서, 열과 불은 그들만의 원천에서 파생된다. 그 어느 것도 무에서 비롯되거나 무로 회귀하지 않기 때문이다.

그러므로 생각 역시 어딘가 다른 곳으로부터 파생되는 것이 분명하다.

5 죽음 : 탄생과 마찬가지로 자연의 신비이다. 요소들은 쪼개지고 다시 결합한다.

이는 결코 곤란한 것이 아니다. 이성이나 우리의 본성에 대한 공격도 아니다.

6 그런 부류의 사람은 그렇게 행동하는 법이다. 무화과나무가 과즙을 분비한다고 분개할 일은 아니지 않는가?

오래지 않아 너희는 모두 죽는다. 죽어서 금세 잊히는 존재가 된다.

7 해를 입지 않겠다고 다짐하라. 그러면 해를 입은 느낌이 들지 않을 것이다.

해를 입었다고 느끼지 말라. 그러면 해를 입지 않은 것이다.

8 너의 인격을 황폐하게 만드는 것만이 너의 삶을 폐허로 만들 수 있다. 그렇지 못한 것은 너에게 해를 끼칠 수 없다. 내적으로나 외적으로나.

9 그것이 최선이었다. 그래서 자연은 그렇게 할 수밖에 없었다.

10 모든 사건은 의롭다. 이는 면밀하게 살펴보면 알 수 있다.

그저 대체로 의로운 것이 아니라 온전히 의롭다. 마치 누군가

저울로 무게를 달아서 나눈 것처럼 말이다.

그렇게 계속 자세히 살펴보면서 선량함을 행동으로 구현하라. 선량한 사람을 규정하는 것이 바로 선량함이다.

모든 일을 할 때마다 이를 지켜라.

11 적과 같은 시선으로 보거나 적이 원하는 대로 보지 말고, 실제 모습 그대로를 보도록 하라.

12 기꺼이 입히는 태도가 허겁결이 필요한 경우가 두 가지 있다. 첫째, 인류의 선을 염두에 두면서 권위와 법의 로고스가 지시하는 대로만 행할 때, 기꺼이 그렇게 해야 한다. 둘째, 누군가 너의 생각을 바로잡거나 자신의 견해를 따르게 만들 때, 네 견해를 기꺼이 재고할 수 있어야 한다. 단, 이 경우, 그의 견해가 옳다거나 다른 사람들에게 유익하다는 신념이 늘 바탕에 깔려야 한다. 그 외의 것이 이유가 되어서는 안 된다. 가령, 그것이 더 호소력 있다거나 더 인기가 있다는 이유로 견해를 바꾸어서는 안 된다.

13 네게는 마음이 있는가?

물론이다.

그럼 대체 왜 그 마음을 쓰지 않는가? 네 유일한 바람은 마음이 제 역할을 하는 것이 아닌가?

14 너는 무언가의 한 부분으로서 역할을 다했다. 이제 너는 너를 낳아준 것 속으로 사라질 것이다.

아니, 사라지기보다는 복원될 것이다.

만물의 근원인 로고스로.

변화하는 과정을 거쳐서.

15 하나의 제단 위에 많은 향이 피워져 있다. 어떤 향은 지금 부서져 내리고, 어떤 향은 나중에 부서진다. 하지만 그렇다고 달라지는 것은 없다.

16 지금 그들의 눈에는 네가 짐승이나 원숭이처럼 보일 것이다. 하지만 1주일 후면 그들은 너를 신으로 생각할 것이다. 네가 네 신념을 재발견하고 로고스를 섬긴다면 말이다.

17 앞으로 수없이 많은 날이 펼쳐질 것처럼 살지 말라. 죽음의 그림자가 네게 드리우고 있다. 살아 있고 할 수 있을 때 선하게 살도록 해라.

18 평정심은 다른 사람들이 하는 말이나 생각, 행동에 더는 마음 쓰지 않을 때 찾아오는 것이다. 오로지 네가 하는 말과 생각, 행동에만 관심을 가져라.

다른 사람들의 사악함에 주의력이 흔들려서는 안 된다. 초지 일관으로 결승선을 향해 곧장 달려가라.

19 사후의 명성에 가슴이 설레는 사람들은 한 가지 사실을 망각하고 있다. 그들을 기억하는 사람들 역시 머잖아 죽을 것이라는 사실을. 그리고 차례로 그들 뒤에 오는 사람들도 마찬가지라는 것을. 한 사람에서 다음 사람으로 전달되는 기억은 마치 촛불처럼 결국 흔들리다가 꺼져버린다는 것을.

만약 너를 기억하는 사람들이 죽지 않고 너에 대한 기억도 사라지지 않는다고 한번 상상해보라. 대체 네게 좋을 것이 뭐기 있겠느기? 내가 숙은 후반이 아니라 네가 살아 있는 동안에도 말이다. 생활이 조금 안락해지는 것 말고는 칭송받는 것이 과연 무슨 소용일까?

20 종류를 막론하고 아름다운 것들은 그 자체만으로 아름답고 충분하다. 칭송은 외부로부터 받는 것이다. 칭송의 대상이 되어도 원래 모습은 달라지지 않는다. 더 좋아지지도 나빠지지도 않는다. 일상 속 아름다운 것들도 마찬가지다.

진짜로 아름답다면 거기에 무언가 보충해야 할 필요가 있을까? 정의나 진리, 상냥함, 겸손이 그렇지 않을까? 이들 가운데 칭송받아서 개선되는 것이 있을까? 혹은 경멸의 대상이 된다고 훼손되는 것이 있을까? 아무도 경탄하지 않는다고 해서 갑자기 에메랄드에 결함이 생기겠는가? 황금이나 상아, 자줏빛 예복, 리라,

칼, 꽃, 덤불이 그렇게 되겠는가?

21 우리 영혼이 살아남는다면 태초 이래로 살아남은 모든 영혼이 존재할 공간이 어떻게 공기 중에 마련되는 걸까?

또 땅에는 태초 이래로 매장된 모든 시신이 묻힐 만한 공간이 어떻게 생기는 걸까? 한동안 시신은 땅속에 머물다가 변화와 분해 과정을 거치면서 다른 시신을 위한 공간을 마련해준다. 공기 중에 사는 영혼도 마찬가지다. 영혼은 공기 중에 잠시 머문 다음 변화한다. 즉, 분산되어 불이 붙은 다음, 만물의 근원이 되는 로고스로 흡수된다. 이렇게 되면 새로 오는 영혼들을 위한 공간이 만들어진다.

이것으로 위의 질문에 대한 대답이 될 수 있다.

하지만 매장된 시신만 생각해서는 안 된다. 우리 인간과 동물들이 매일같이 소비하는 동물 시신도 있기 때문이다. 얼마나 많은 동물이 이런 식으로 먹이가 되어 그들을 잡아먹은 사람이나 동물의 몸에 묻혀 있을까? 하지만 그 모든 시신을 수용할 공간은 넉넉히 남아 있다. 시신은 살과 피로 전환되고 공기와 불로 변환되기 때문이다.

이런 주장의 진위는 어떻게 밝혀질 수 있을까?

재료와 원인을 분석하는 과정을 통해 밝혀질 수 있다.

22 이리저리 휘둘리지 말라. 늘 의롭게 행동하고, 만사를 있는 그

대로 보도록 하라.

23 세상의 조화로움은 나의 것. 세상이 선택하는 시간은 모두 가장 적절한 때다. 너무 늦지도 너무 이르지도 않다.

계절 변화와 함께 자연이 선사하는 선물은 익은 과일처럼 떨어진다. 만물은 자연에서 태어나, 자연 안에 존재하며, 자연으로 돌아간다.

24 "평정을 구한다면 행동을 줄여라." 혹은 본질적인 것을 행하라. 사회적 존재의 로고스가 요구하는 대로 필수적으로 행하라는 말이다. 그러면 두 가지 만족스러운 결과를 얻게 된다. 다시 말해, 더 적게 그리고 더 훌륭하게 행동할 수 있게 된다.

왜냐면 우리가 말하고 행동하는 것 가운데 대부분은 본질적인 것이 아니기 때문이다. 본질적이지 않은 것을 제거할 수 있다면 시간도 벌고 평정심도 얻게 된다. 매 순간 스스로 질문하라. "이게 과연 필요할까?"

불필요한 억측도 없애야 한다. 그리고 그런 억측에 뒤따르는 불필요한 행동도 없애야 한다.

25 그러면 선한 사람의 삶이 어떠한지 알게 될지도 모른다. 자연이 할당하는 대로 만족하는 사람, 의롭고 다정하게 사는 것에 만족하는 사람의 삶 말이다.

26 그것을 알게 되었으니, 이제 이쪽으로 시선을 돌려라.

동요할 필요 없다. 복잡하게 생각할 것 없다.

누군가 잘못을 저지른 것이다. 자기 자신에게.

어떤 일이 네게 일어났다고 하자. 그 일은 자연이 너를 위해 준비한 것이다. 처음부터 그런 패턴으로 짜인 것이다.

인생은 짧다. 이것 말고 더 할 말은 없다. 현재로부터 얻을 수 있는 것을 얻어라. 사려 깊고 정당하게.

절제는 절제하지 말라.

27 세상은 질서정연할까, 아니면 뒤죽박죽일까? 그래도 세상에는 질서가 있다. 너의 내면에만 질서가 있고 그 외 다른 것에는 질서가 없을 수 있을까? 너무도 다르고, 분산되어 있고, 서로 얽혀 있는 것들 안에 과연 질서가 없다는 것이 가능한 일일까?

28 성격에는 여러 종류가 있다. 어둡고, 여성스럽고, 고집스러운 성격. 늑대, 양, 어린아이, 바보, 사기꾼, 어릿광대, 판매원, 폭군 같은 성격.

29 이방인 : 세상이 무엇을 담고 있는지 혹은 세상이 어떻게 돌아가는지 모르는 사람.

도망자 : 자기 의무를 다른 사람들에게 떠미는 사람.

눈이 먼 자 : 마음의 눈을 꼭꼭 걸어 잠근 사람.

가난한 자 : 생필품이 없어서 다른 사람의 도움이 필요한 사람.

반역자 : 반항적인 사람. 자연의 작동방식에 분노하여 자연의 로고스를 버리고 나온 사람.

분리주의자 : 자기 영혼을 로고스를 지닌 다른 영혼들과 분리하는 사람. 이들 영혼은 모두 하나여야 한다.

30 옷이 없는 철학자와 책이 없는 철학자가 있다. 옷 없는 철학자가 반쯤 벌거벗은 채로 서서 말한다. "먹을 것은 없지만 나는 로고스로 살아간다." 읽을 것은 없지만, 나도 로고스로 살아간다.

31 네가 아는 지식을 사랑하라. 그리고 그 지식이 네게 힘이 되게 하라. 모든 것을 기꺼이 신들에게 맡겨라. 그런 다음, 그 누구의 주인도 노예도 되지 말고 일생을 살아가라.

32 베스파시아누스 시대를 예로 들어보자. 그 시대 사람들은 모두 똑같이 살았다. 결혼하고, 아이를 키우고, 병들고, 죽고, 전쟁을 벌이고, 파티를 열고, 사업을 하고, 농사를 짓고, 아첨하고, 뽐내고, 불신하고, 음모를 꾸미고, 다른 사람들이 죽기를 바라고, 인생 한탄을 하고, 사랑에 빠지고, 돈을 모으고, 출세와 권력을 추구했다.

하지만 이렇게 살았던 삶은 사라지고 없어서 이제 어디서도 찾아볼 수 없다.

트라야누스 시대는 어땠을까? 그때도 똑같았다. 그 시절의 삶도 이제는 사라지고 없다.

이 밖에도 다른 시대에 관한 기록들을 조사해보라. 그러면 얼마나 많은 사람이 자기 전부를 다 바쳐 살다가 이내 죽었으며, 그런 다음 자신을 형성했던 요소들로 분해되었는지를 알 수 있다.

무엇보다도, 네가 알고 지냈던 지인들이 어떻게 살았는지 살펴보라. 그들은 반드시 해야 할 일은 못 하고 헛수고만 하다 살았다. 변함없이 임하면서 만족감을 얻어야 했던 일은 해내지 못했다.

반드시 명심해야 할 핵심 사항이 하나 있다. 얼마나 주의를 기울이고 관심을 가져야 할지는 그 대상에 따라 달라진다는 것이다. 사소한 일에는 그만한 가치가 있는 것보다 더 많은 시간을 할애하지 않는 편이 좋다.

33 한때 널리 사용되던 말도 이제는 옛 표현처럼 들린다. 세상을 떠난 유명인들의 이름도 마찬가지다. 카밀루스, 케소, 볼레수스, 스키피오, 카토, 아우구스투스, 하드리아누스, 안토니누스 등이 그렇다.

모든 것이 너무도 빨리 퇴색해서 전설이 되고 망각 아래 이내 덮여버린다.

이들은 그나마 한때를 풍미했던 사람들이다. 나머지 사람들은 세상을 뜨는 것과 동시에 '찾는 사람 하나 없는 무명인'이 되어 사라진다. 과연 '영원한' 명성이란 무엇일까? 공허함이다.

그러면 우리는 어떤 목표를 설정해야 할까?

이것만 추구하면 된다. 상황을 제대로 파악할 것, 이기적이지 않게 행동할 것, 참된 발언을 할 것. 같은 샘에서 솟아난 물이 함께 흐르듯, 무슨 일이 일어나건 필요하고 익숙한 일로 받아들이기로 다짐할 것.

34 너 자신을 기꺼이 운명의 여신 클로토에게 맡겨라. 그녀가 원하는 대로 네 운명이 신을 잣게 히라.

35 모든 것은 일시적이고 덧없다. 아는 사람도, 알려진 사람도.

36 모든 것이 변화에서 탄생한다는 사실을 늘 명심하라. 자연은 기존의 것을 변경해서 그와 비슷한 새로운 것을 만드는 일을 가장 좋아한다. 존재하는 것은 모두 그로부터 출현할 것의 씨앗이 된다. 씨앗이라고 하면 식물이나 아이를 만드는 것만 머리에 떠오르는가? 더 깊이 생각해 보아라.

37 죽음의 문턱 앞에서도 우리는 여전하다. 여전히 마음이 무겁고, 여전히 마음이 요동치고, 여전히 외부의 일이 해를 끼칠 수 있다고 확신하며, 여전히 다른 사람들에게 무례하고, 여전히 진리를 인정하지 않는다. 지혜가 곧 정의라는 진리를.

38 사람들의 마음속을 들여다보라. 현자들이 무엇을 하고 무엇을 하지 않는지를 살펴보라.

39 다른 사람의 마음속에서 일어나는 일은 그 어느 것도 네게 해를 끼치지 못한다. 너를 둘러싼 세상 속 변화와 변동도 마찬가지다.

그렇다면 해악은 어디에 있을까?

관건은 네가 해로움을 볼 수 있느냐에 달려 있다. 그러니 해로움을 그만 찾아라. 그러면 다 괜찮아진다. 판단력을 가동하지 말라. 네 안의 판단력을 담당하는 부분과 연결된 육신이 자상이나 화상을 입더라도. 고름 범벅에 악취가 진동하거나, 암 덩어리로 점령당하더라도. 달리 표현하자면, 좋은 일이건, 나쁜 일이건 모두에게 일어나는 일은 좋지도 나쁘지도 않다는 사실을 깨달아야 한다. 자연의 순리에 맞게 살건, 그렇지 않건 모든 삶에서 일어나는 일은 자연스럽지도 부자연스럽지도 않다는 사실을 깨달아야 한다.

40 명심하라. 세상은 하나의 본질, 하나의 영혼을 지닌 살아 있는 존재다. 모든 것은 세상이라는 단 하나의 경험에 반영되며 단 한 번의 동작으로 움직인다. 또한 모든 것은 그 밖의 모든 것을 생산하는 데 일조한다. 다 함께 얽히고설킨 모습이 되도록.

41 "시신을 운반하는 작은 한 줄기 영혼." - 에픽테토스.

42 변화를 겪는다고 나쁠 것은 하나도 없다. 변화에서 벗어난다고 좋을 것도 하나 없다.

43 시간은 사건의 격랑이 몰아치는 강물과 같다. 눈이 포착하는가 싶으면 어느새 흘러 지나가고, 그 뒤를 이어 또 다른 사건이 밀려와 사라진다.

44 세상만사는 봄날의 장미나 여름철 과일처럼 단순하고 친숙하다. 질병, 죽음, 신성모독, 음모 등등 모든 것이 어리석은 사람들을 행복하게 만들기도, 화나게 만들기도 한다.

45 뒤이어 일어나는 일은 그전에 일어난 일과 일맥상통한다. 자의적 순서로 배열된 무작위적인 목록과 달리, 이들은 논리적으로 연결되어 있다. 이미 존재하는 것이 질서정연하고 조화롭게 존재하듯, 이제 생겨나는 것 역시 질서 있는 면모를 보인다. 이들은 단순히 배열되는 것이 아니라, 놀라울 정도로 일치를 이룬다.

46 헤라클레이토스의 말을 마음에 새겨라.

"흙이 죽으면 물이 되고, 물은 공기가 되고, 공기는 불이 되며,

그렇게 다시 처음으로 돌아간다."

"사람들은 그 길이 어디로 가는 길인지 잊었다."

"사람들은 그들 모두에게 있는 것, 바로 모든 것을 총괄하는 로고스와 충돌한다." 그리고 "그들이 매일 마주치는 것을 낯설게 느낀다."

"우리가 하는 말과 행동은 잠든 사람이 하는 말과 행동과는 달라야 한다." 혹은 "부모의 모습을 따라 하는 아이들의 말과 행동과도 달라야 한다." 아이들은 들은 대로만 말하고 행동하기 때문이다.

47 어떤 신이 네게 내일이나 내일모레 죽는다고 알려주었다고 가정해보자. 네가 순 겁쟁이가 아니라면 그날이 언제인지를 두고 소란을 피우지는 않을 것이다. 그런다고 대체 뭐가 달라지겠는가? 자, 이제 인정하라. 향후 몇 년이건, 내일이건, 이들 사이의 차이는 그저 미미할 뿐이다.

48 기억하라. 얼마나 많은 의사가 눈살을 찌푸리며 수없이 임종을 지키며 살다가 결국은 그들 자신도 죽음을 맞이했는지. 거만하게 다른 사람들의 마지막을 점쳤던 점성가들도, 죽음과 불멸에 관해 끝없는 논쟁을 벌였던 철학자들도, 수많은 사상자를 낸 장본인인 전사들도 죽음을 피할 수 없었다. 얼마나 많은 폭군이 마치 자신은 불멸의 존재라도 되는 양 극악무도하게 백성의 생사

여탈권을 휘둘렀던가.

헬리케, 폼페이, 헤르쿨라네움 등 얼마나 셀 수 없이 많은 도시 전체가 완전히 잿더미가 되고 말았던가.

그리고 네가 아는 지인들도 마찬가지다. 그들 역시 차례로 죽음을 맞았다. 제 손으로 다른 사람을 묻었던 사람도 결국 땅에 묻혔고, 그를 묻은 사람도 그다음 차례가 되었다. 모두 한결같이 짧은 시간 안에 그렇게 되었다.

한마디로 요약하자면, 인간의 삶은 짧고 시시하다는 사실을 깨달아라. 불과 어제만 해도 정액 한 방울이었는데, 내일이면 시체가 되어 방부 처리되거나 한 줌의 재가 되고 만다.

이렇게 짧은 삶을 자연의 순리대로 살아라. 아무 불평 없이 삶을 내려놓아라.

잘 익은 올리브처럼 말이다.

올리브는 대자연을 칭송하며 자신을 키워준 나무에 감사하면서 땅으로 떨어진다.

49 쉬지 않고 파도가 밀려와 부딪히는 바위처럼 살아라. 꼼짝하지 않고 버티고 서 있는 바위 주변에서는 격노한 바다도 고요해진다.

49a 이런 일이 벌어진 것은 불운이다.

아니다. 이런 일이 벌어졌는데도 내가 해를 입지 않은 것은 행운이다. 현재 때문에 산산이 부서지지도, 미래 때문에 겁을 먹지도 않았으니. 이는 누구에게나 일어날 수 있는 일이다. 그렇다고 누구나 해를 입지 않을 수는 없는 노릇이다. 왜 한 사람을 행운아로 여기기보다 다른 사람을 불운아로 여기는 걸까? 인간 본성을 침해하지 않는 것을 과연 불운이라 칭할 수 있을까? 혹은 자연의 의지에 반하지 않는 것이 자연을 침해할 수 있을까? 하지만 너는 자연의 의지가 무엇인지 잘 안다. 혹시 너는 이미 일어난 일 때문에 정의와 관용, 자제력, 분별력, 신중함, 정직, 겸손, 솔직함 등 한 사람의 본성을 실현하게 해주는 자질들을 발휘하지 못하고 있는 것인가?

그러므로 무언가 네게 고통을 줄 것처럼 위협한다면 명심하라. 그것 자체는 전혀 불운이 아니다. 그것을 견디고 이겨내는 것이 대단한 행운이다.

50 죽음에 대한 두려움에 맞설, 진부하지만 효과적인 전술이 있다. 끝내 버티다가 겨우 생을 마감한 사람들을 생각해 보라. 과연 그들은 늙어 죽음으로써 무엇을 얻었는가? 결국 사람들은 모두 땅속에서 영면에 든다. 카디키아누스, 파비우스, 율리아누스, 레피두스뿐만 아니라 나머지 모두 마찬가지다. 그들은 동시대 사람들을 땅에 묻었고, 뒤이어 차례가 되어 그들 자신도 땅에 묻혔다.

우리 인생은 이토록 짧다. 이런 환경에서, 이런 사람들 사이에서, 이런 몸으로 그 짧은 삶을 산다는 것은 무엇일까? 결코 설레는 일은 아니다. 지나간 시간의 심연과 무한한 미래를 곰곰이 생각해 보라. 사흘간의 삶이나 3대에 걸친 삶이나 대체 무슨 차이가 있으랴?

51 가장 짧은 지름길, 즉 자연이 계획한 길을 선택하라. 그래야 가장 건강한 방식으로 말하고 행동할 수 있다. 그렇게 해야 고통과 스트레스를 벗어날 수 있다. 모든 셈법과 허세로부터 자유로워질 수 있다.

제5권

1 동틀 무렵, 잠자리를 박차고 일어나기 힘들 때면 스스로 되뇌어라. "난 한 인간으로서 일하러 가야 한다. 태어나면서부터 내 소명인 일, 내가 세상에 나와 해야 할 일을 하는 것인데 대체 불평할 이유가 무엇인가? 그렇지 않다면 내가 세상에 나도록 창조된 이유가 달리 있는 것인가? 따뜻한 이불 속에서 뒹굴뒹굴하는 것이란 말인가?"

– 하지만 이불 안이 더 좋은데…

그럼 너는 그런 '안락하고 좋은 기분'을 느끼기 위해 태어난 것인가? 여러 일을 하고 경험하기 위해서 태어난 것이 아니란 말인가? 식물이나 새, 개미, 거미, 벌 등이 최선을 다해 각자의 임무를 수행하면서 세상의 질서를 유지하는 모습이 보이지 않는가? 그런데도 너는 한 인간으로서 네가 해야 할 일을 기꺼이 할 생각이 없는가? 왜 네 본성대로 일하려 달려들지 않는가?

- 그래도 어느 정도 잠은 자야 하는데…

맞다. 하지만 먹고 마시는 데 한계가 있듯, 본성은 잠에도 한계를 정해두었다. 그런데 너는 그 한계를 넘어섰다. 잠은 충분한 양 이상으로 잤지만, 일은 그렇지 않다. 아직 네가 해야 할 일의 반의 반도 채우지 못했다.

너는 자기 자신을 충분히 사랑하지 않는다. 그렇지 않다면 네 본성과 본성이 요구하는 바를 사랑해야 한다. 자기가 좋아하는 일을 하는 사람들은 녹초가 될 때까지 그 일을 한다. 심지어 그러느라 씻는 것도 먹는 것도 잊어버린다. 조판공은 조판 작업을, 무용수는 춤을, 구두쇠는 돈을, 출세주의자는 지위를 우러러본다. 그런데 너는 이들보다 자신의 본성을 존중하지 않는 것인가? 그들은 자기가 하는 일에 정말로 심취하면 차라리 먹고 자는 것을 못하더라도 자기 기술을 발휘하기를 포기하지는 않는다.

다른 사람들을 도와주는 일이 네게는 가치가 없는 일인가? 네가 노력할 만한 일이 못 되는가?

2 골칫거리와 방해되는 것들이 있어도, 대수롭지 않게 어깨를 한번 으쓱하면서 마음속에서 깨끗이 쓸어버려라. 그러면 완전한 평정심에 도달할 수 있다.

누워서 떡 먹기 아닌가?

3 어떤 행동이나 발언이 적절한 것이라면 네가 해도 그것은 적

절하다는 뜻이다. 다른 사람들의 평가나 비판 때문에 방해받지 말라. 어떤 말이나 행동을 하는 것이 옳다면 네가 그렇게 말하고 행동하는 것도 옳은 일이다.

다른 사람들은 자기 마음이 이끄는 대로, 자기가 느끼는 충동을 따른다. 그러니 다른 사람들 때문에 심란해지지 말라. 네가 가던 길을 계속 가라. 너의 본성을 따르고, 자연을 따르라. 너의 본성과 자연이 공유하는 그 길을 따라 걸어라.

4 나는 자연의 순리를 따르는 삶의 길을 내내 걷다가, 때가 되면 주저앉아 쉬리라. 하루하루 숨 쉬던 내 숨의 원천에 내 마지막 숨을 맡기리라. 우리 아버지의 씨앗과 우리 어머니의 피, 유모의 젖을 만들어낸 원천인 대지 위로 쓰러지리라. 살아온 모든 세월 동안 내가 매일 먹고 마신 것을 생산해낸 그 원천 위로 내 몸을 뉘리라. 내 발걸음을 지지해주고 유용하게 쓰이는 대지 위로.

5 네게 재치가 없다고 해서 비난의 대상이 될 수는 없다.

네게는 '없다'고 할 수 없는 다른 많은 자질이 있다. 정직, 진지함, 끈기, 감수하는 자세, 자제력, 인내, 진정성, 절제력, 진중함, 고결함 말이다. "할 수 없다"라는 변명을 넘어 네가 기꺼이 제공해야 하는 자질이 얼마나 많은지 모르겠는가? 너는 여전히 네가 가진 것보다 못한 수준에 안주한다.

아니면 네가 투덜이에 욕심쟁이, 아부꾼인 데는 타고난 이유가 있는 것인가? 선천적인 조건 때문에 네 몸에 대해 불평하고, 아부하고, 으스대는 등 내면의 동요를 겪는 것인가?

아니다. 너는 훨씬 오래전에 자유의 몸이 될 수 있었다. 그 랬다면 아주 조금만 느려졌을 것이다. '이해가 그다지 빠르지 않은 편'인 정도로 말이다.

너는 그 느림을 개선하도록 공들여야 한다. 느림은 높이 평가할 만한 것이 아니다. 하지만 그렇다고 무시할 것도 아니다.

6 어떤 사람들은 남의 부탁을 들어주고는 호시탐탐 되돌려받으려 한다. 또 어떤 사람들은 자기가 부탁을 들어줬다는 사실을 계속 의식하면서 상대가 자기에게 빚을 진 것으로 여긴다. 그런가 하면 그런 생각조차 하지 않는 사람들도 있다. 이들은 아무런 대가도 바라지 않은 채 열매를 맺는 포도나무와도 같다.

경주를 마친 경주마가 그렇듯…

사냥을 끝낸 사냥개가 그렇듯…

꿀을 저장한 꿀벌이 그렇듯…

이런 사람들은 다른 사람들을 도와주는 것으로 끝난다.

이들은 요란하게 생색을 내지도 않는다. 그저 또 다른 도움을 주는 일을 계속할 뿐이다. 철이 되면 포도나무가 다시 열매를 맺으려 하는 것처럼 말이다.

우리도 그래야 한다. 거의 무의식적으로 행동해야 한다는 말이다.

그렇다. 다만, 의식은 해야 한다. 스스로 사회적 행동을 한다고 여기는 것이 사회적 존재의 특징이기 때문이다. 이들은 그들의 이웃도 이 사실을 깨닫기를 기대한다!

맞는 말이다. 하지만 뭔가 오해가 있다. 그럴듯한 추론 끝에 오해하게 되면 너는 내가 앞서 언급한 사람들과 같은 처지에 놓이게 된다. 하지만 내가 하는 말을 제대로 이해하려고 노력한다면 너의 사회적 의무를 소홀히 하게 될까 우려하지 않아도 될 것이다.

7 아테네 사람들의 기도 :

제우스 신이여, 비를 내려주소서, 비를 내려주소서.

아테네의 대지와 들판 위로.

이 기도처럼 단도직입적으로 기도하든가, 아니면 아예 기도하지 말라.

8 사람들은 대개 이렇게 말한다. "의사가 그 사람한테 (승마, 냉수욕, 맨발 산책 등) 이런저런 처방을 해줬어." 이와 마찬가지로 너는 다음과 같이 말해라. "자연이 그 사람한테 병을 처방해줬어." 또는 눈이 보이지 않게, 아니면 한쪽 팔다리를 잃게 처방했다고 해라. 여기서 '처방'은 '그의 회복을 촉진하기 위해 명했다'라는 의미다. 이는 우리 삶에서도 마찬가지다. 우리 한 사람 한 사람에게 일어나는 일은 그렇게 되도록 명령받은 것이다. 그렇게 일어나는

일은 우리 운명을 발전시킨다.

어떤 일이 '발생한다'라는 것은 무슨 뜻일까? 건설 현장에서는 벽이나 피라미드를 이루는 벽돌이 구조물 안에서 '제자리를 찾아' 전체적으로 조화로운 패턴을 이루며 잘 어울리도록 만든다. '발생'이란 이처럼 '제자리를 찾는 것'을 의미한다.

왜냐면 세상에는 단 하나의 조화로움이 존재하기 때문이다. 세상이 모든 본체를 아우르는 단 하나의 본체를 이루듯, 숙명은 모든 목적을 아우르는 단 하나의 목적을 형성한다. 심지어 까막눈인 사람들도 무언가가 이런저런 일을 '초래했다'라고 말할 때 그 말속에서 이를 인정한다. 그렇다. 초래했거나 처방한 것이 맞다. 이 경우, 의사의 처방을 받아들이듯 자연의 처방도 받아들이자. 의사의 처방이 늘 유쾌하지는 않아도, 우리는 병이 낫길 바라기 때문에 그 처방을 받아들인다. 자연이 계획대로 실현하는 모습도 바로 이와 같은 시각으로 바라보도록 하라. 그러면서 일어나는 일을 (도저히 받아들이기 힘들 것 같아도) 받아들여라. 이를 받아들여야 하는 데는 이유가 있다. 궁극적으로는 세상이 건강해지고 제우스 신의 행복과 번영에 도달하기 때문이다. 제우스 신은 세상 전체에 이로움을 가져오는 일이 아니라면 그 누구에게도 일어나게 하지 않았을 테니까. 마찬가지로 어떤 본성도 그렇게 하지 않는다. 그 본성이 다스리는 것에 이롭지 않은 일은 일어나게 하지 않는다.

그러므로 세상에 일어나는 일을 수용해야 하는 이유는 두 가지다. 첫째, 그 일이 다른 누구도 아닌 네게 일어나기 때문이다. 너를 위해 처방된 일이며, 너와 관련된 일이다. 네 운명의 실은 이미 오래전에 실패에 감겼다. 태초에 만물의 원인에 의해.

둘째, 한 개인에게 일어나는 일은 세상이 총괄하는 행복의 한 원인이기 때문이다. 즉, 세상의 행복, 세상의 충만, 심지어 세상의 존재 그 자체를 이루는 하나의 원인이기 때문이다. 왜냐면 연속적이고 일관된 전체 가운데서 어느 부분을 잘라내면 전체가 훼손되기 때문이다. 전체를 이루는 부분들뿐만 아니라 그 목적도 손상된다. 그러니 불평하는 것은 난도질하고 파괴하는 것과도 같다.

9 날마다 지혜롭고 도덕적인 행동으로 가득한 삶을 살지 않는다고 격한 분노나 패배감, 낙담에 사로잡히지 말라. 그 대신, 넘어지면 다시 일어나고, 아무리 불완전하더라도 인간답게 행동하는 것을 축하해라. 그리고 네가 착수한 일이 실행되는 대로 온전히 받아들여라.

철학을 스승으로 여기지 말고, 눈의 염증을 완화하는 스펀지와 달걀흰자와 같다고 생각하라. 염증을 진정시키는 연고나 따뜻한 물약과 같다고 생각해라. 로고스에 순종하는 모습을 과시하지 말고 로고스 안에서 안식을 얻어라. 명심하라. 철학은 네 본성이 이미 요구하는 것만을 요구할 뿐이다. 하지만 그동안 너는 이와 다른 것을, 즉 본성에 어긋나는 것을 추구했다.

그렇다면 무엇이 더 바람직할까?

바로 이런 식으로 쾌락의 덫이 우리 발목을 잡지 않을까? 마음이 넓으면 좋지 않을까? 혹은 자유나 정직, 신중함, 신심을 추구하는 것이 바람직하지 않을까? 생각 그 자체, 논리와 이해보다 바람직한 것이 있을까? 이러한 자질들이 얼마나 확고한지, 얼마나 물 흐르듯 고요한지 곰곰이 생각해 보기 바란다.

10 세상만사는 수수께끼 같은 장막으로 싸여 있다. 많은 훌륭한 철학자들이 지금껏 그 이치를 이해할 수 없다고 여겼을 정도다. 심지어 스토아 철학자들에게도 이것은 골치 아픈 숙제다. 우리가 내리는 평가가 모두 변하기 때문이다. 우리 자신이 그렇게 변하듯 말이다.

자, 가까이서 자세히 세상사를 들여다보라. 얼마나 영구적이지 않고 무의미한가. 그것들은 변태성욕자나 창녀, 도둑이 소유할 법한 것들이다.

그런 다음, 네 주변 사람들이 어떻게 행동하는지를 관찰하라. 그들 가운데 가장 뛰어난 자라 해도 참아내기는 여간 힘든 것이 아니다. 물론 너 자신을 감내하는 것은 말할 것도 없다. 이토록 깊은 어둠 속에서, 물질과 시간, 운동, 움직여진 것들이 끊임없이 흘러드는 시궁창 같은 곳에서, 과연 가치 있게 여기거나 일하는 목적으로 삼을 만한 것이 있을지 모르겠다.

아니, 오히려 정반대다. 우리는 스스로 위로하면서 소멸과 죽음을 기다려야 한다. 그러는 동안 조바심을 내지 말고, 다음 두

가지 사실에서 위안을 찾아야 한다.

1) 자연의 순리에 어긋나는 일은 그 어떤 것도 내게 일어날 수 없다.

2) 신과 내 영혼이 승인하지 않는 일은 하지 않아도 된다.

11 나의 영혼으로 나는 무엇을 하고 있는가?

이른바 너의 마음 안에 무엇이 살고 있는지, 지금 네게는 어떤 영혼이 있는지 알고자 한다면 위와 같은 질문을 스스로에게 던져라. 어린아이의 영혼인가? 아니면 청소년의 영혼? 여성의 영혼? 폭군의 영혼? 포식자의 영혼? 아니면 피식자의 영혼인가?

12 보통 사람들이 말하는 '선한 것들'의 의미를 파악하는 또 다른 방법 하나 :

예를 들어 신중함, 자제력, 정의, 용기 같은 것들을 선_善의 시금석으로 여긴다면 어떨까? '선한 것들'이 이런 것들을 의미한다고 생각한다면 "너무 많은 선한 것들…"이라는 대사가 무슨 뜻인지 도통 이해가 가지 않을 것이다. 반면, '선한 것들'의 통상적인 의미를 내면화했다면 이 구절을 완벽히 이해할 수 있을 것이다. 작가가 말하는 의미와 왜 그것이 재미있는지 파악하는 데 전혀 문제가 없을 것이다.

이것을 보면 사람들은 대부분 차이를 인정한다는 것을 알 수 있다. 그렇지 않다면 첫 번째 의미가 거슬려서 이를 반사적으로

거부하는 일은 없을 것이다. 반면, 명성과 상류 생활의 혜택과 부
富를 뜻하는 두 번째 의미는 재미있고 적절한 것으로 받아들여
진다.

　자, 이제 한 걸음 더 깊이 들어가서 스스로 질문해 보자. 위의
대사에 맞는 것들, '… 똥 쌀 자리도 남기지 않는' 것들을 과연 선
한 것들로 인정해야 할까?

13 나는 실체와 그 실체에 생명을 불어넣는 것으로 이루어져
있다. 이 가운데 어느 것도 일단 존재하기 시작하면서부터는 절
대로 존재하기를 멈출 수 없다. 나를 이루는 모든 부분은 각각 세
상의 다른 부분으로 다시 배정된다. 그리고 다시 세상을 이루는
또 다른 부분으로 탈바꿈한다. 이런 식으로 무한히 계속된다.

　나 역시 이런 변화 과정을 통해 만들어졌고, 과거로 거슬러
올라가면 우리 부모님도 마찬가지다. 그리고 이런 식으로 무한히
거슬러 올라갈 수 있다.

14 로고스와 로고스를 사용하는 것은 그 자체와 그것이 작용하
기에 충분한 힘이 된다. 이들은 이들의 시초부터 시작해서 정해
진 종말에 도달한다. 단도직입적인 그 과정을 보고 우리는 이러
한 활동들을 '유도된 것'이라고 부른다.

15 우리를 인간으로 규정하는 것 외에는 아무것도 인간 존재에

속하지 않는다. 그 외 다른 무엇도 우리에게 요구할 수 없다. 그런 것들은 인간 본성에 부합하지 않거나, 그런 것들이 없어도 인간 본성이 불완전해지지 않기 때문이다. 따라서 그런 것들은 우리의 목표가 아니며, 우리가 그 목표에, 즉 선에 이르는 데 도움을 주지도 않는다. 만약 그런 것들 가운데 우리에게 부합하는 것이 있다면 그것을 경멸하거나 그것에 맞서 저항하는 행동은 부적절할 것이다. 또한 그것을 이겨내는 사람들은 우리로부터 존경받지도 못할 것이다. 만약 상황 자체가 좋다면 그런 상황을 포기하는 것이 좋을 리는 거의 없다. 하지만 현실에서는 우리가 그런 것들을 많이 거부할수록 우리는 더 나은 사람이 된다.

16 머릿속에서 생각하는 것들이 마음의 질을 결정한다. 영혼은 생각의 색으로 물든다. 다음과 같은 생각을 계속하면서 영혼에 색을 입혀 보자.

1) 우리는 어디서든 자기 삶을 영위할 수 있으며, 훌륭한 삶을 살 수 있다.

– 궁중에서 사는 삶도 있다…

그렇다면 궁중에서도 훌륭한 삶을 살 수 있다.

2) 세상만사는 의도하는 대로 끌려가는 경향이 있다.

그렇게 끌려가는 방향이 바로 목표다.

어떤 것의 목표라고 하면 그것에 유익한 것, 즉 선을 말한다.

이성적 존재에게는 이기적이지 않음이 선이다. 우리는 이를 위해 세상에 태어났다. 이는 전혀 새삼스러운 일이 아니다. 기억하는가? 열등한 것들은 우월한 것들을 위해 존재하고, 우월한 것들은 서로를 위해 존재한다. 의식이 있는 것이 의식이 없는 것보다 우월하며, 로고스를 지닌 것은 그보다 더욱 우월하다.

17 불가능한 것을 바란다면 미친 짓이다. 그런데 사악한 자들이 그러지 않기를 바라는 것은 불가능하다.

18 누구에게나 자신이 감당할 수 없는 일은 일어나지 않는다. 다른 사람들에게도 같은 일이 일어나면 그들은 해를 입지 않고 잘 헤쳐 나간다. 순전히 의식하지 못한 상태에서 그럴 수도 있고, 아니면 '인격'을 과시하고 싶어서 그럴 수도 있다. 과연 지혜가 무지나 허영심보다 정말로 그렇게 나약할까?

19 영혼은 상황에 의해 통제되지 않는다. 상황은 영혼에 접근할 수 없고, 영혼을 움직이거나 지휘하지 못한다. 영혼은 스스로 단독으로 움직이고 지휘받는다. 영혼은 제 앞에 놓인 상황을 보고 스스로 알맞다고 생각하는 대로 그 상황을 해석한다.

20 어떤 면에서 보면, 사람이야말로 우리가 담당해야 하는 과제인 것 같다. 사람들에게 선을 행하고 그들을 참고 견뎌내는 것이 우리가 해야 하는 일이다.

하지만 그들이 우리 임무를 방해하면 그들은 해와 바람, 동물이 그렇듯 우리와 무관하게 된다. 그들이 우리 행동을 가로막을 수는 있어도, 우리 의도나 성향을 가로막지는 못한다. 왜냐면 우리는 맞추고 적응할 수 있기 때문이다. 우리 행동을 방해하는 장애물이 있으면 마음은 이것을 자기 목적에 맞게 적응시키고 전환한다.

행동을 가로막는 장애물은 되레 행동을 더 나아가게 만든다. 길을 가로막고 있는 것이 오히려 길이 되는 셈이다.

21 세상에서 가장 위대한 존재를 숭배하라. 그 존재는 만물을 활용해서 일하고, 만물을 다스린다.

마찬가지로, 너 자신의 가장 위대한 부분을 숭배하라. 이 부분도 그 본성은 위의 존재와 같은 힘을 공유한다. 그래서 만물을 일에 활용하며, 네 삶을 다스린다.

22 공동체에 해가 되지 않는 것은 그 구성원에게도 해를 끼치지 않는다.

자신이 상처를 입었다고 생각될 때 적용할 규칙이 있다. 공동체가 상처를 입지 않으면 나도 상처받지 않는다는 것이다. 그런데 만약 상처를 입었다면 분노가 답이 아니다. 그 대신, 공격을 가한 자에게 그가 잘못한 부분을 가르쳐줘라.

23 세상만사가 얼마나 빨리 지나가고 사라지는지 명심하라. 지금 존재하는 것이나 앞으로 다가올 것 모두 말이다. 존재는 강물처럼 우리를 지나쳐 흐른다. '본질'은 끊임없이 변화하며, '원인'은 수천 가지로 변형된다. 그 어느 것도 안정적인 것은 없다. 바로 지금 여기 존재하는 것조차도 말이다. 무한한 과거와 미래가 우리 눈앞에서 입을 벌리고 있다. 그 심연의 깊이를 우리는 가늠조차 할 수 없다.

따라서 자만심이나 고통을 느끼는 것은 어리석은 일이다. 마치 화를 돋우는 것들이 지속되기라도 하는 양, 분한 마음을 품는 것도 어리석기는 마찬가지다.

24 명심하라.

물질. 그 가운데 네가 차지하는 몫이 얼마나 미미한지를.

시간. 그 가운데 네게 할당된 양이 얼마나 짧고 쏜살같은지를.

숙명. 그 안에서 네가 할 수 있는 역할이 얼마나 작은지를.

25 다른 사람들이 나를 아프게 한다면? 그것은 그들의 문제다. 그들이 지닌 성품과 그들이 하는 행동은 나와는 무관하다. 내게 행해지는 일은 자연의 명에 따라 이루어진다. 내가 행하는 일은 나의 본성에 따라 행해진다.

26 마음은 영혼의 지배자다. 그래서 육신이 동요해도 마음은

늘 흔들림 없이 굳건해야 한다. 동요하는 정도가 가볍거나 격렬하거나 다 마찬가지다. 육신의 동요에 말려들지 말고, 육신과 마음을 확실히 구분해서 그런 감정이 제자리를 벗어나지 않게 해야 한다. 몸과 마음이 서로를 잇는 연결선을 통해 공명함으로써 그런 감정들이 생각 속으로 비집고 들어온다면 억지로 그 느낌에 저항하려고 애쓰지 말라. 그렇게 느끼는 것은 자연스러운 일이다. 다만, 마음속에서 그런 느낌을 '좋다' 혹은 '나쁘다'라고 재단하기 시작하게 내버려 두어서는 안 된다.

27 "신들과 함께 살라." 그러려면 네 영혼이 자기에게 주어진 몫을 받아들이고 정신이 요구하는 것을 행하는 모습을 신들에게 보여주어야 한다. 신은 자신의 작은 한 조각인 정신을 우리 한 명한 명에게 주어서 우리를 인도하고 안내하게 했다. 이것이 바로우리 마음이자 우리 로고스이다.

28 사람들에게서 냄새나 입 냄새가 난다고 짜증 내지 말라. 그런다고 무슨 소용이 있는가? 아무리 짜증 내더라도, 사람들은 입과 겨드랑이로 냄새를 만들어낼 것이다.

하지만 그들에게는 머리가 있지 않은가! 머리로 생각하면 알수 있지 않을까? 뭐가 문제인지 깨달을 수는 없을까?

다행히 너에게도 머리가 있다. 너의 논리로 상대방을 깨우치게 하라. 그에게 보여주라. 그가 깨닫도록 만들어라. 그가 네 말을 들으면 문제가 해결될 것이다. 화내지 않고서도 말이다.

28a 왕의 역할을 하지도, 매춘부처럼 행동하지도 말라.

29 여기서 살고 싶으면 여기서 살고, 거기서 살고 싶으면 거기서 살아라.

만약 사람들이 그렇게 하도록 너를 내버려 두지 않는다면 지금 삶을 떠나도 너는 아무것도 잃을 것이 없다. 연기 때문에 기침이 나면 연기가 나는 곳을 떠나면 된다. 힘들 것 하나 없다.

이런 상황에 이르기 전까지 나는 자유롭다. 누구도 내가 원하는 것을 하지 못하게 막을 수 없다. 나는 함께 사는 이성적 존재들에게 적합한 것을 원한다.

30 세상의 지성은 이기적이지 않다.

세상의 지성은 우월한 것들을 위해 열등한 것들을 창조했으며, 우월한 것들을 서로 조율해서 맞추었다. 세상의 지성이 각각의 것들을 각자 걸맞게 종속시키고, 연결하고, 할당하여 더 나은 것들을 정렬시키는 모습을 보라.

31 너는 신들과 부모, 형제자매, 아내, 자녀, 스승, 유모, 친구, 친척, 노예를 상대로 어떻게 행동했는가? 이들 가운데 누구에게도 적절하지 않은 '잘못된' 말이나 행동을 하지는 않았는가?

네가 겪은 모든 것, 네가 견뎌낸 모든 것을 곰곰이 생각해 보라. 네 삶의 이야기는 이제 끝났다. 네게 주어진 과제도 이제 완수되었다. 그동안 좋은 것을 얼마나 많이 보았던가? 얼마나 많은 고통과 쾌락을 참았던가? 얼마나 많은 영예를 사양했던가? 불친절한 사람들에게 친절하게 대했던 적이 얼마나 많은가?

32 기술도 없고 훈련도 받지 않은 다른 영혼들이 기술도 있고 이해력도 좋은 영혼을 대체 왜 방해하는가?

그런데 어떤 영혼이 그렇다는 말인가?

시작과 끝을 알고 로고스를 아는 영혼이 바로 그 주인공이다. 로고스는 만물을 꿰뚫어 보고, 총체적 시간 내내 모든 이에게 각자 주어진 수명 동안 제자리를 정해준다.

33 머지않아 너는 한 줌의 재나 뼛조각으로 변할 것이다. 기껏해야 이름만 겨우 남을 텐데, 그나마 소리나 메아리에 불과할 것이다. 우리가 살면서 원하는 것들은 공허하고 진부하며 하찮다. 우리는 마치 서로 으르렁거리는 개들과 같다. 웃다가 이내 울음을 터뜨리며 싸우는 아이들 같기도 하다. 신뢰, 수치심, 정의, 진리는 "지상에서는 사라져버렸고 오직 천상에만 있다."

그런데 왜 아직 여기 지상에 있는가? 이곳에서는 감각의 대상이 계속 변화하는 중이라 불안정하다. 또 우리의 감각은 무뎌져서 쉽게 속는다. 영혼은 피가 증발한 것에 불과하다. 이와 같은 세상에서 얻는 명성은 아무런 가치도 없다.

그럼 어떻게 해야 하는가?

인내심을 가지고 전멸 또는 대변신이 일어나기를 기다려라.

그때가 올 때까지 무엇을 해야 할까?

신들을 숭배하고, 인간들을 응당하게 대우하고, 타인에게는 관용을 베풀되 자기 자신에게는 엄격해야 한다. 명심하라. 살과 피를 제외하면 네 소유인 것은 아무것도 없다. 살과 피를 빼면 네가 통제할 수 있는 것은 아무것도 없다.

34 체계적으로 성장하고 생각하고 행동할 수 있다면 평탄한 삶을 영위할 수 있다.

신과 인간(과 모든 이성적 피조물)이 공유하는 특징은 두 가지다.

첫째, 다른 이들에게 발목을 잡혀서 저지당하지 않는다.

둘째, 옳은 것을 생각하고 실천하면서 선량함을 발견하고, 여기로 욕망을 제한한다.

35 만약 이 폐해가 내 행동 때문도 아니고 그 행동의 결과인 것도 아니며, 그로 인해 공동체가 위험에 처하는 것도 아니라면 대체 내가 왜 그 때문에 신경을 써야 하는가? 대체 공동체에 어떤 위험이 있다는 말인가?

36 상상만으로 압도되지 말라. 그저 할 수 있고 해야 하는 일을

해라. 만약 본질적이지 않은 것 때문에 고통받는다면 이를 패배로 취급해서는 안 된다.

마치 고아에게 장난감 하나가 전부라는 것을 알면서도 그 장난감을 달라고 하는 노인과도 같다.

37 나는 한때 운이 좋은 사람이었다. 그러나 어느 시점이 되자 행운으로부터 버림을 받았다.

하지만 진정으로 훌륭한 행운은 스스로 만드는 것이다. 훌륭한 인격, 훌륭한 의도, 훌륭한 행동이야말로 훌륭한 행운을 만든다.

제6권

1   자연은 순응적이고 순종적이다. 그래서 자연을 다스리는 로고스는 악행을 저지를 이유가 없다. 로고스는 악이라고는 모르며, 어떤 악행도 저지르지 않고, 그 무엇에도 해를 끼치지 않는다. 그리고 모든 시작과 끝을 명한다.

2   너는 그저 옳은 일을 해라. 그 외 나머지는 중요치 않다.

차갑건, 따뜻하건.

피곤하건, 잘 쉬었건.

멸시받건, 떠받들어지건.

죽어가고 있건, 다른 문제들 때문에 바쁘건.

왜냐면 죽어가는 것 역시 우리가 살면서 해야 하는 숙제들 가운데 하나이기 때문이다. 그것 역시 '해야 할 일을 하는 것'일 뿐이다.

3 내면을 들여다보라. 무엇이건 그 진정한 본질이나 가치를 그냥 지나쳐버려서 놓치지 않도록 하라.

4 머지않아 존재하던 만물이 변화하여 연기처럼 피어오르거나 산산이 흩어질 것이다.

5 로고스는 자기 위치를 알고, 자기가 해야 할 일과 협력해야 할 대상을 안다.

6 최고의 복수는 상대방처럼 되지 않는 것이다.

7 마음속에 신神을 품은 채, 이기적이지 않은 행동을 이어가라. 기쁨과 고요는 오로지 그곳에만 있다.

8 마음은 스스로 깨우치고 감독한다. 어떤 마음이 되는지는 마음이 선택하기 나름이다. 마음이 무엇을 선택하는지는 마음이 무엇을 경험하느냐에 좌우된다.

9 모든 것은 자연의 본성이 낳은 결과물이다. 그 이상의 것이나 그 안에 있는 것, 그와는 별도의 것이 낳은 것이 아니다.

10 세상을 규정하는 것은 혼합, 상호작용, 해산일까? 아니면 단

일, 질서, 설계일까?

먼저, 선자라고 가정한다면 대체 왜 무질서와 혼란의 한가운데에서 살고 싶겠는가? 결국에는 "흙에서 나서 흙으로 돌아갈 텐데" 이것 말고 왜 다른 일에 신경을 쓰겠는가? 대체 무엇 때문에 불안감을 느끼겠는가? 내가 무엇을 하건 해체되어 흩어질 것이 확실한데.

후자라고 가정한다면 나는 추앙과 평온함, 책임지는 힘에 대한 믿음을 지닐 것이다.

11 불가피하게 주변 환경 때문에 감정이 동요한다면 즉시 자기 자신에게 다시 집중하라. 감당할 수 있는 것 이상으로 리듬을 놓쳐서는 안 된다. 계속해서 자기 자신에게 돌아와 집중한다면 침착함을 잘 유지할 수 있다.

12 네게 계모도 있고 친모도 있다면 물론 계모에게 존경을 표하기는 하겠지만 결국은 친모가 사는 집을 찾을 것이다.

궁宮과 철학도 마찬가지다. 계속해서 철학으로 돌아가 그 안에서 안식을 얻어라. 궁과 네가 견딜 수 있는 길은 이것밖에 없다.

13 눈앞에 놓여 있는 구운 고기를 비롯한 여러 요리를 보면서 불현듯 깨닫는다. 앗, 이것은 죽은 물고기네. 죽은 새네. 죽은 돼지네. 이 귀한 포도주는 그냥 포도즙이네. 자주색 예복은 조개 피

로 색을 물들인 양모였군. 성행위는 성기를 문질러 잠깐의 흥분으로 약간의 탁한 액체를 만드는 것이로군.

이와 같은 인식을 하면, 다시 말해, 두 눈을 부릅뜬 채 사물을 꿰뚫어 보면 그것이 정말로 무엇인지 그 정체를 알 수 있다. 우리는 사는 동안 사물이 우리에게 신뢰를 요구할 때, 이런 방식으로 사물을 인식해야 한다. 그러면 그 사물을 벌거벗김으로써 그것이 얼마나 무의미한지 알게 된다. 또한 그것을 둘러싼 전설이라는 껍데기도 벗겨낼 수 있다.

자부심은 속임수의 달인이다. 자기가 세상에서 가장 중차대한 임무를 맡았다는 생각이 든다면 그대는 자부심의 마법에 걸린 것이다.

14 보통 사람들은 단순한 물리적 현상(돌이나 나무)이나 자연의 순리를 따르는 성장(무화과, 포도나무, 올리브…)이라는 카테고리로 묶이는 것들에 감명받는다. 더 고상한 사람들은 살아 있는 영혼(양떼, 소떼)의 범주에 드는 것들에 경탄한다. 이보다 더 세련되고 지적인 사람들은 이성적인 마음에 의해 인도되는 것에 감탄한다. 여기서 이성적인 마음이란 보편적인 마음이 아니라, 그 기술적 지식이나 어떤 다른 기술 때문에, 혹은 단순히 노예가 많다는 이유로 존경받는 마음을 말한다.

하지만 이와 다른 마음, 즉 우리 모두 인간이자 시민으로서 공유하는 마음을 추앙하는 사람들은 다른 것에는 관심이 없다.

이기심과 비논리를 방지하고 이런 목표를 달성하고자 다른 사람들과 협력하기 위해, 이들은 자신의 마음 상태에만 초점을 맞춘다.

15 존재로 돌진하는 것들이 있는가 하면, 존재를 급히 벗어나는 것들도 있다. 지금 존재하는 것 가운데 일부는 이미 사라지고 있다. 변화와 흐름은 끊임없이 세상을 다시 만든다. 멈추지 않고 진행하는 시간이 영원을 다시 만들듯.

우리는 흐르는 강물 속에 있는 것과 같다. 주변에 있는 것 가운데 어느 하나 단단한 발판이 되어주지 못하는데, 그 가운데 무엇을 중요하게 여겨야 할까?

마치 참새에 대한 애착과도 같다. 참새는 시야에 들어왔는가 싶으면 어느새 사라져버린다.

삶도 마찬가지다. 피를 증발시키고, 공기를 들이마시는 것과 같다. 우리는 태어날 때 흡입했던 호흡 능력을 배출한다. 매 순간 숨을 내쉬듯 말이다.

16 우리는 자신의 어떤 모습을 소중히 여겨야 하는가?

땀을 배출하는 것? 아니다. 이것은 식물도 다 하는 것이다.

숨을 쉬는 것? 아니다. 맹수나 야생동물도 숨은 다 쉰다.

스쳐 지나가는 생각에 머리를 한 대 얻어맞는 것?

꼭두각시처럼 충동에 조종당하는 것?

무리 지어 움직이는 것?

먹고 싸는 것?

다 아니다.

그렇다면 무엇을 높이 평가해야 할까?

관중의 박수? 아니다. 사람들이 하는 칭찬은 그래 봐야 혀를 차는 것에 불과하다.

그러므로 다른 사람들의 인정 따위는 내다 버려야 한다. 그러면 소중히 여겨야 할 것으로는 무엇이 남을까?

내 생각은 이렇다. 우리가 하도록 설계된 대로 하는 것(그리고 하지 않는 것)이 중요하다. 모든 거래와 모든 기술의 목표도 이것이다. 이들은 창작물이 그 설계 목적대로 작동하는 것을 목표로 삼는다. 묘목 업자는 포도나무를, 말 조련사는 말을, 개 사육자는 개를 돌본다. 이것이 각자의 목표다. 가르치고 교육하는 것 말고 이들이 무엇을 애써 이루려 하겠는가?

소중히 여겨야 하는 것은 바로 이것이다. 존재 목적에 맞는 삶을 고수하는 것. 그러면 다른 것에 한눈을 팔고 싶은 유혹이 들지 않을 것이다.

그래도 다른 많은 것들에 대한 미련을 버리지 못하면 어떻게 될까? 그러면 절대로 자유로워질 수 없다. 결코 자유와 독립, 차분함을 누릴 수 없다. 항상 시기심과 질투심을 느끼고, 사람들이 와서 다 빼앗아 갈지도 모른다는 두려움에서 벗어나지 못하기 때문이다. 그리고 자신이 귀히 여기는 것을 가진 사람들을 대상으로 음모를 꾸미게 된다. 그런 것들이 필요한 사람들은 반드시 엉망진창이 되고 만다. 자신이 느끼는 좌절감을 신들에게 퍼붓고 만다. 반면, 자기 마음을 존중하고 귀히 여기면 자기 자신에게 만족하게 된다. 또한 공동체에도 잘 통합되고, 신들과도 마음이 맞아서 그들이 정해주고 명하는 것을 잘 수용하게 된다.

17 원소는 위아래는 물론이고 사방으로 움직인다. 하지만 미덕의 움직임은 다르다. 더 깊이가 있다. 미덕은 잘 드러나지 않는 길 위에서 꾸준한 속도로 언제나 앞으로만 나아간다.

18 사람들은 대체로 어떻게 행동하나? 삶을 공유하는 동시대 사람들을 존경하기를 거부한다. 그 대신, 한 번도 만난 적 없고 앞으로 만나지 않을 후세의 존경을 받기를 열망한다. 너 역시 고조부가 영웅이 아니라 속상할 수 있다.

19 힘들 것 같은 일이라고, 불가능한 일이라고 지레짐작해서는 안 된다. 인간적으로 가능한 일이라면 너도 할 수 있다는 것을 깨달아라.

20 경기장에서는 상대편이 손톱으로 찌르거나 머리로 들이박아서 우리 몸에 멍이 생길 수도 있다. 하지만 그렇다고 그들을 비난하거나 화내거나 그때부터 난폭한 사람이라는 딱지를 붙이지는

않는다. 그저 그들을 지켜볼 뿐이다. 증오나 의심의 눈으로 보는 것은 아니다. 그저 우호적인 거리를 유지하는 것이다.

우리는 경기장 밖 다른 곳에서도 이렇게 해야 한다. 실전연습 상대의 행동을 용서하고, 의심이나 증오의 감정 없이 단지 거리를 유지해야 한다.

21 누구든 내가 실수하고 있다거나 잘못된 시각을 지니고 있다는 것을 증명한다면 나는 기꺼이 달라지겠다. 내가 추구하는 것은 진리다. 진리는 결코 누구도 해치지 않는다. 자기기만과 무지를 고집하는 것이야말로 해로운 일이다.

22 나는 내 할 일을 할 뿐이다. 그 외 나머지는 내 관심사가 아니다. 그런 것들은 무생물과 같거나, 로고스가 없거나, 제멋대로 방황하면서 길을 잃는다.

23 비이성적인 동물이나 사물과 환경을 대할 때는 관대하면서도 단도직입적으로 대해라. 너는 이성적이지만 그들은 아니기 때문이다. 인간을 대할 때는 같은 인간으로서 행동해라. 그들도 로고스를 공유하기 때문이다. 그리고 개의치 말고 신들에게 간구하라.

얼마나 오랫동안 이렇게 해야 하는지 염려하지 말라.

오후 한나절이면 충분할 테니.

24 알렉산드로스 대왕과 그의 노새를 끌던 하인은 모두 죽었다. 이 두 사람에게 똑같은 일이 일어난 것이다. 두 사람 모두 세상의 생명력 속으로 흡수되었거나 원자로 해체된 것이다.

25 매 순간, 내면 안에서 얼마나 많은 것이 일어나고 있는지 생각해 보라. 그러면 더 많은 것, 모든 것을 포용하는 하나의 통합체인 세상에서 일어나는 모든 일이 동시에 일어나고 있다는 사실이 뭐가 놀랍겠는가?

26 누군가 네 이름 철자를 묻는다면 이를 꼭 깨물고 철자를 차례로 불러주겠는가? 만약 그가 이성을 잃고 화를 낸다면 너도 화를 낼 것인가? 아니면 그냥 철자만 하나씩 불러주겠는가?

명심하라. 너의 책임도 여러 부분으로 낱낱이 쪼개질 수 있다. 이들 부분에 집중해서 체계적으로 일을 마무리해라. 그 과정에서 마음의 동요에 휩싸이거나 분노에 분노로 반응하지 말라.

27 사람들이 자신에게 좋다고 생각되는 것을 바라지 못하게 금하는 것은 얼마나 잔인한 일인가. 그런데 사람들의 잘못된 행동에 화가 나면 너는 바로 그렇게 할 것이다. 사람들은 자신에게 좋다고 생각되는 것에 이끌리는 법이니까.

하지만 그것은 그들에게 좋지 않다.

그럼 그들에게 그것을 증명해 보여라. 이성을 잃고 화를 내는 대신 입증해 보여라.

28 죽음이란 무엇일까? 감각을 통한 인식과 감정에 의한 통제, 정신 활동, 몸에 예속된 노예 상태의 종말이다.

29 육신이 여전히 생생한데도 영혼이 단념한다면 이는 수치스러운 일이다.

30 지워지지 않는 얼룩과 같은 황제놀음에서 벗어나라. 흔히 일어날 수 있는 일이다. 앞으로도 단도직입적이고, 올곧고, 공손하고, 꾸밈없고, 정의의 편에 서고, 경건하고, 상냥하고, 다정하고, 열의를 가지고 의무를 다하겠다고 다짐하라. 철학이 지향하는 사람이 되기 위해 고군분투하라.

　신들을 경배하고 인간들을 보살펴라. 우리의 삶은 짧다. 우리가 여기 존재함으로써 얻는 보상은 오로지 오점 없는 인격과 이기적이지 않은 행동뿐이다.

　항상 안토니누스를 롤모델로 삼아라. 그는 온 에너지를 쏟아 합리적인 일을 했고, 어떤 상황에서도 한결같았으며, 경외심을 지녔고, 차분한 표정을 가졌으며, 온화했고, 겸손했으며, 만사를 파악하는 데 열심이었다. 그는 무슨 일이든 철저히 검토해서 완벽히 이해했다는 확신이 들기 전까지는 절대 그냥 넘어가지 않았다. 부당한 비판을 받아도 되돌려주지 않고 묵묵히 견뎠다. 그는 서두르는 법이 없었으며, 밀고자의 말에 귀를 기울이지 않았고, 사람의 인격과 행동에 대해 신뢰할 만한 판단력을 지녔으며, 뒷담화를 즐기거나 비겁하거나 질투하거나 빈말을 남발하지 않았다. 의식주와 하인은 기본적인 수준만 되면 만족했다. 그는 얼마나 열심히 일하고 얼마나 많은 것을 참고 견뎠는지 모른다. 또한 식습관이 간단해서(심지어 정해진 시간 말고는 용변을 볼 필요도 없었다) 땅거미가 질 때까지 쉬지 않고 일했다. 친구로서도 한결같고 믿음직스러웠으며, 공연히 그의 견해에 의문을 제기하는 사람들에게도 관대했고, 자기 아이디어가 향상되는 것을 보고 기뻐했으며, 조금도 미신에 흔들리지 않는 독실한 신심을 지녔다.

이런 그의 모습을 본받으면 너의 차례가 되었을 때, 너의 의식도 그의 의식만큼 깨끗할 것이다.

31 깨어나라. 다시 정신을 차려라. 잠에서 깨어났으니 이제 그것들이 한낱 꿈이었음을 깨닫고 다시 맑은 정신으로 돌아와 주변의 모든 것을 꿈처럼 대해라.

32 나는 육신과 영혼으로 이루어져 있다.

육신에 일어나는 일들은 무의미하다. 육신은 그들을 구별하지 못하기 때문이다.

내 마음에 의미가 있는 것은 오로지 마음의 작용뿐이다. 마음의 작용은 마음이 통제한다. 오로지 중요한 것은 당장 현재 일어나는 마음의 작용뿐이다. 과거에 있었던 작용도, 미래에 있을 작용도 의미 없기는 마찬가지다.

33 발을 발답게 사용하고 손을 손답게 사용하고 있다면 손발에 통증을 느끼는 것이 정상이다. 이와 마찬가지로, 정상적인 인간의 삶을 살고 있다면 스트레스를 받는 것은 정상이다.

이렇듯 정상이라면 스트레스가 어찌 나쁜 것이 되겠는가?

34 도둑, 변태성욕자, 존속살해자, 폭군. 이런 자들이 즐기는 그런 종류의 쾌락들을 경계하라.

35 전문가들이 일반인과 타협은 하되, 그들의 일에 있어서는 로고스를 타협의 대상으로 삼지 않는다는 것을 너는 알았는가? 건설업자나 약사가 이렇게 하는 것보다 우리는 인간으로서 우리의 로고스에 대한 책임감을 덜 느껴도 될까? 우리가 신과 함께 공유하는 로고스인데도?

36 우주에서 봤을 때 아시아와 유럽은 멀리 후미진 곳에 있는 작은 구석에 불과하다.

바다 역시 물 한 방울 정도밖에 안 된다.

아토스산은 두더지가 만든 흙무덤과 같을 뿐이다.

현재는 영원이라는 시간 속에서 하나의 찰나에 불과하다.

모두 하찮고, 일시적이고, 미미하다.

36a 모든 것은 그것, 즉 우주의 마음에서 파생되는 결과이거나 효과다. 사자의 입이나 독극물 등 모든 해로운 것은 선善과 미美의 부산물이다. 그러므로 이런 해로운 것들이 그대가 추앙하는 것과는 완전히 이질적이라고 여기지 말라. 그 대신 만물의 근원이 되는 원천에 초점을 두도록 하라.

37 네가 현재를 이해했다면 모든 것을 이해한 셈이다. 현재는 태초부터 존재했고 앞으로도 영원히 존재할 것이기 때문이다. 그 실체와 형태는 과거에도 미래에도 변함없이 전부 다 똑같다.

38 만물이 서로 어떻게 연결되고 관련되어 있는지 늘 되새기도록 해라. 만물은 서로 교감하면서 서로서로 밀접하게 결부되어 있다. 어떤 사건은 다른 사건에 따른 결과이다. 만물은 서로 밀고 당기며, 함께 호흡하고, 하나를 이룬다.

39 네게 운명지어진 것들과 하나가 되어야 함을 깨닫도록 하라. 그것들을 너와 함께 공유하는 사람들은 사랑으로 대해라.
진정한 사랑으로 말이다.

40 도구나 기구, 장비는 원래 설계한 대로 사용한다면 효과가

있다. 설계자가 이역만리 떨어져 있더라도 말이다.

하지만 자연적으로 발생하는 것들은 다르다. 그들을 설계한 힘이 그들 안에 현존하며 그 안에 남아 있다. 그렇기에 우리는 그 힘을 특별히 추앙하면서 인정해야 한다. 그 힘이 지시하는 대로 살고 행동하면 네 안의 모든 것이 지능적으로 질서정연하게 정돈된다는 사실을 말이다. 세상 모든 것이 다 그렇듯 말이다.

41 너는 네가 통제하지 않는 것들을 가지고 좋거나 나쁘게 규정한다. 그러다가 '나쁜' 일이 생기거나 '좋은' 일이 생기지 않으면, 당연히 신들을 비난하고 그 일에 책임 있는 사람들을 (또는 네가 책임을 묻기로 한 사람들을) 혐오한다. 우리가 하는 나쁜 행동 가운데 많은 부분이 이러한 잣대를 들이대려 하는 데에서 비롯된다. 우리가 좋거나 나쁘게 판단하는 잣대를 자기가 하는 행동에만 적용한다면 신에게 도전하거나 다른 사람들을 적으로 대할 필요는 없게 될 것이다.

42 우리는 모두 같은 목적을 위해 일한다. 어떤 이들은 이런 사실을 잘 알고 의식하면서 일하는가 하면, 어떤 이들은 까맣게 모른 채 일한다. ("잠자는 자들도 열심히 일하고 있는 것"이라는 헤라클레이토스의 말이 바로 이런 의미인 것 같다. 그들도 일어나고 있는 일에 힘을 보탠다는 뜻이다.) 우리 가운데 어떤 이들은 이런 식으로 일하는가 하면, 어떤 이들은 그와는 다른 식으로 일한다. 만사에 불평하면

서 모든 일을 방해하고 좌절시키려 드는 사람들도 다른 사람들만큼 도움이 된다. 세상에는 그런 사람들도 필요한 법이다.

그러므로 어떤 사람과 함께 일할 것인지 마음을 정하도록 하라. 네가 무엇을 선택하건, 만물을 지휘하는 힘은 너를 십분 활용할 것이다. 너를 고용해서 일을 시킬 것이다. 하지만 그 일은 크리시포스가 말하는 일, 즉 희곡에서 웃음을 주기 위해 첨가된 대사와 같은 것이 되어서는 안 된다.

43 태양이 비가 할 일을 하겠다고 나서던가? 아니면 아스클레피오스가 데메테르가 할 일을 하겠다고 나서던가? 밤하늘의 별들은 어떠한가? 각각 다 다르지만 모두 공동으로 일하지 않던가?

44 나와 내게 일어나는 일들을 신들이 결정하는 것이라면 그 결정은 좋은 결정이다. 신이 나쁜 결정을 내린다고 상상하기는 어렵다. 대관절 무엇 때문에 신들이 내게 해를 끼치려고 에너지를 소모하겠는가? 그런다고 그들에게 무슨 득이 되겠는가? 아니면 그들의 일차적 관심사인 세상에 무슨 도움이 되겠는가?

만약 그들이 내린 결정이 나라고 하는 한 개인에 대한 것이 아니라면, 전체의 행복에 관한 것이 틀림없다. 그러므로 뒤이어 무슨 일이 일어나건, 내가 환영하고 받아들여야 하는 일이다.

만약 그들이 그 어떤 것에 대해서도 아무런 결정을 하지 않는다면 어떨까? 물론 이런 생각을 하는 것만으로도 불경스러운 일이다(만약 그렇다면 희생과 기도, 맹세, 기타 우리가 하는 모든 일을 다 그만하고, 신들이 우리와 함께 있다고 항상 믿는 것도 관두자). 이렇듯 만약 그들이 우리 삶과 관련해서 아무것도 결정하지 않는다면, 그렇다면 내가 결정하면 된다. 무엇을 하는 것이 내게 이로운지 내가 곰곰이 생각하면 된다. 본디 자기 본성이 요구하는 대로 하는 것이 자신에게 이로운 법이다. 게다가 나는 본성이 이성적이다. 이성적이면서 공민적이다.

안토니누스처럼 내가 속한 도시와 국가는 로마다. 하지만 한 인간으로서 내가 속한 곳은 세상이다. 그러므로 나에게 '좋다'는 의미는 이 두 공동체 모두에게 좋은 것만을 뜻한다.

45 그대에게 무슨 일이 일어나건, 그것은 모두 세상의 이익을 위한 것이다. 사실, 여기까지만 알게 되더라도 충분하다. 하지만 자세히 들여다보면 그밖에 다른 무언가도 발견하게 된다. 즉, 한 사람에게 어떤 일이 일어나건, 그 일은 다른 사람들의 이익을 위한 것이라는 사실 말이다.

46 운동 경기나 다른 구경거리들이 지겨워지듯, 반복은 사람을 짜증나게 한다. 삶도 마찬가지다. 사방에서 똑같은 일, 똑같은 원인이 반복된다.

그런데 얼마나 더 오랫동안 반복될까?

47 늘 명심하라. 어떤 부류의 사람이건, 사람은 모두 죽는다. 죽음은 직업이나 국적을 가리지 않는다. 이런 생각에서 출발해서 필리스티온과 포이보스, 오리가니온까지 생각해 보라. 그런 다음에는 다른 부류의 사람들까지 넓혀 생각해라.

우리도 가야 한다. 그들 모두가 이미 떠나간 곳으로.

웅변가이자 현자인 헤라클레이토스, 피타고라스, 소크라테스.

옛 영웅들과 그들의 뒤를 따른 군인들과 국왕들.

에우독소스, 히파르코스, 아르키메데스.

영리한 사람들, 관대한 사람들, 열심히 일하는 사람들, 교활한 사람들, 이기적인 사람들.

심지어 간단하고 허술한 일 전체를 비웃었던 메니포스와 그의 지지자들.

이들 모두 이미 오래전에 땅속으로 사라졌다.

그런데 그렇다고 이들이 무슨 해를 입었는가? 다른 사람들, 우리가 이름조차 모르는 사람들도 무슨 해를 입었는가?

가치 있는 것은 단 하나다. 이 삶을 진실하게, 올바르게 살아내는 것이다. 그리고 그렇게 하지 않는 사람들은 인내로 대하라.

48 살면서 격려가 필요할 때면 주변 사람들의 장점을 떠올려 보라. 이 사람의 에너지, 저 사람의 겸손함, 또 다른 사람의 관대함 등등 말이다. 우리 주위에 많은 사람이 있을 때, 그들에게서 미덕이 구현된 모습을 발견하는 것보다 큰 힘이 되는 일은 없다.

이 사실을 마음속 깊이 새겨라.

49 그대의 몸무게가 3백 파운드가 아니라 x나 y 파운드밖에 되지 않는다고 문제 될 것은 없지 않은가? 그렇다면 x나 y년만 살고 더 오래 살지 못하는 것이 왜 문제가 되는가? 그대의 육신에 주어진 한계를 받아들여라. 그대의 시간에 주어진 한계를 인정하라.

50 최선을 다해 사람들을 설득하라. 하지만 정의가 요구한다면 혼자만이라도 행동하라. 만약 무력에 직면하면 뒤로 물러서서 수용과 평화주의에 의존하라. 역경을 활용해서 다른 덕목들을 실천하라.

명심하라. 우리의 노력은 환경에 지배되는 법이다. 너도 불가능한 일을 목표로 삼으려 하지는 않았다.

그럼 무엇을 목표로 삼아야 할까?

노력이다. 노력했더니 너도 성공했다. 이렇듯 해내겠다고 정한 일은 성취되는 법이다.

51 야망은 나의 행복을 다른 사람들의 말이나 행동에 결부시킨다는 의미다.

방종은 나의 행복을 내게 일어나는 일들에 결부시킨다는 의미다.

분별력은 나의 행복을 나의 행동과 결부시킨다는 의미다.

52 너는 이것을 다른 무언가로 탈바꿈시킬 필요 없다. 그렇게 해서 네 마음이 상할 필요는 없다. 상황 자체가 우리 결정을 좌우할 수 없기 때문이다.

53 사람들이 하는 말에 정말로 귀를 기울이는 연습을 해라. 최선을 다해 그들의 마음속으로 들어가라.

54 벌집이 훼손되면 벌도 훼손되는 법이다.

55 선원들이 선장에게, 혹은 환자들이 의사에게 말대꾸하는 상황이라면 그들은 과연 누구의 권위를 인정하고 받아들이겠는가? 이런 상황에서 어떻게 승객의 안전과 환자의 건강이 지켜지겠는가?

56 나와 함께 세상에 태어난 사람들은 모두 이미 세상을 떠났구나.

57 황달에 걸린 사람의 입에는 꿀이 쓰게 느껴진다. 광견병에 걸린 사람들은 물이라면 기겁을 한다. 아이는 아름다움이라면 공을 떠올린다. 그런데 너는 왜 이런 사실에 심란해하는가? 너는 거짓

이 황색 담즙이나 광견병에 걸린 개보다 무력하다고 생각하는가?

58 누구도 네가 네 본성대로 사는 것을 막을 수 없다. 자연의 순리에 맞지 않는 일은 그 무엇도 네게 일어날 수 없다.

59 사람들이 환심을 사고 싶어 하는 사람들, 그리고 그 결과, 그리고 그 과정에서 그들이 하는 일들. 시간은 이 모든 것을 얼마나 순식간에 지워버리는가. 얼마나 많은 것이 이미 지워졌는가.

제7권

1 악은 오래전부터 늘 같은 모습으로 존재한다.

무슨 일이 일어나건, 이것 하나만 명심하라. 세상의 이쪽 끝에서 저쪽 끝까지 어디서나 악은 예전부터 똑같은 모습을 하고 있다. 고대건 현대건 역사책은 악으로 장식되어 있고, 도시와 가정에도 악이 가득하다. 그러므로 악은 전혀 새삼스러운 것이 아니다.

그저 익숙하면서도 일시적인 존재다.

2 이해력을 구성하는 통찰력의 불을 끄지 않는 한, 이해력은 억누를 수 없다. 하지만 벌겋게 달구어져 있는 석탄이 그렇듯, 통찰력에 불을 다시 붙이는 것은 얼마든지 마음대로 할 수 있다. 내가 필요에 따라 내 생각을 통제할 수 있을진대, 어떻게 곤란해지겠는가? 내 마음의 테두리 밖에 있는 것은 내 마음에는 아무런

의미가 없다. 네가 이 교훈을 온전히 받아들인다면 외풍에도 쉬이 휘둘리지 않게 될 것이다.

너는 다시 삶으로 돌아가 새로 시작할 수 있다. 예전처럼 만사를 바라보라. 그러면 삶이 돌아온다.

3 무의미하게 법석을 떨며 돌아다니는 행렬, 오페라 아리아, 양 떼와 소떼, 군사훈련. 푸들에게 던져준 뼈, 어항 속의 얼마 안 되는 물고기 먹이. 비참하게 종살이하는 개미들, 놀라서 잽싸게 달아나는 쥐들, 줄에 매달려 획획 움직이는 꼭두각시들.

이 모든 것들에 둘러싸인 우리는 이들을 수용해야 한다. 멸시해서는 안 된다. 다만, 우리의 가치는 우리가 에너지를 쏟아붓는 대상에 따라 평가된다는 사실을 명심해야 한다.

4 네가 하는 말이 어떻게 들리는지, 네가 하는 행동 하나하나가 어떤 결과를 낳는지, 여기에 초점을 맞추어라. 네 말이 무엇을 겨냥하는지, 네 행동이 무엇을 의미하는지를 알아야 한다.

5 나의 지력으로 이 일을 할 수 있을까? 만약 그렇다면 자연이 제공하는 도구처럼 내 지력을 가동할 것이다. 만약 그렇지 않다면, 내게 다른 선택이 없는 것이 아니라면 그 일을 나보다 더 잘할 수 있는 사람에게 넘길 것이다.

나는 내 지력으로 내가 할 수 있는 최선을 다하고, 누가 됐건

내 지력을 활용할 수 있는 사람과 협력하여 공동체에 필요한 일을 한다. 왜냐면 내가 (혼자서 또는 다른 사람들과 함께) 무엇을 하든지 그 목표는 오로지 하나, 바로 이 같은 요건들을 충족하는 것이기 때문이다.

6   사람들에게 기억되었던 수많은 이들이 이미 잊혀 버렸으며, 그들을 기억했던 사람들도 오래전에 사라져버렸다.

7   도움이 필요하다고 수치스러워 말라. 장벽을 공격하러 달려드는 병사처럼, 네게도 완수해야 하는 임무가 있다. 만약 네가 부상을 입었다면, 그래서 다른 동료가 너를 장벽 위로 끌어 올려야 하는 상황이라면 어떨까? 그렇다면 너는 어떻게 하겠는가?

8   미래는 잊어라. 미래에도 네가 끌어다 쓸 자원은 똑같다. 바로 지금과 똑같은 로고스다.

9   모든 것은 얽히고설켜 있다. 이렇게 촘촘히 짜인 망은 신성하다. 그 가운데 어느 한 부분도 연결이 끊어진 곳이 없다. 모두 조화를 이루면서 다 함께 세상을 이룬다.
    만물로 이루어진 하나의 세상.
    만물에 현존하는 하나의 신성.
    하나의 실체와 하나의 법, 모든 이성적 존재가 공유하는 로고스.

그리고 하나의 진리.

정말로 이것이 하나의 과정이 정점을 이룬 것이라면 같은 출신, 같은 로고스를 공유하는 존재들이라면.

10 모든 실체는 금세 자연으로 흡수된다. 실체에 생명을 불어넣는 모든 것은 이내 로고스로 복귀한다. 이들 모두가 남긴 흔적은 곧이어 모두 시간 속에 파묻힌다.

11 로고스를 지닌 존재에게는 자연의 순리에 어긋나는 행동이란 로고스와 충돌해서 갈등을 일으키는 행동을 말한다.

12 주체적으로 올곧아야 한다. 타의에 의해 곧아져서는 안 된다.

13 서로 다른 존재 안에 있는 이성적인 것은 하나의 존재를 이루는 개별 지체처럼 서로 관련되어 있으며 단일체로서 기능하게 되어 있다.

이런 사실을 더욱 명확하게 파악하려면 스스로 되새기기를 바란다. 나는 더 큰 본체(이성적인 본체)를 이루는 하나의 지체 melos라고 말이다.

아니면 지체 대신 '부분meros'이라고 딱 한 글자만 바꿔서 말할 수도 있겠다. 하지만 이렇게 하면 정말로 다른 사람들을 아우르지 않는 셈이 된다. 사람들을 도와주는 것은 그 자체가 보상이 아니다. 그래도 여전히 너는 이것이 마땅히 해야 하는 옳은 일이라고 여긴다. 네가 정말로 도와주고 있는 사람이 누구인지 너는 아직 깨닫지 못하고 있다.

14 어떤 일이 일어날 수 있는 대상이 무엇이건, 그 일이 원한다면 그렇게 일어나게 내버려 두자. 그 일로 인해 영향을 받은 대상도 원하면 얼마든지 그 일에 대해 불평할 수 있다. 다만, 그 일이 일어난 것이 내게 해롭다고 내가 해석하지 않는 한, 그 일은 내게 해롭지 않다. 나는 그렇게 되지 않도록 선택할 수 있다.

15 어느 누가 뭐라 말하건, 어떻게 행동하건 상관없다. 내 임무는 좋은 사람이 되는 것이다. 황금이나 에메랄드, 자주색이 "누가 뭐라건, 누가 어떻게 하건, 내 임무는 에메랄드가 되는 것, 내 색을 변함없이 유지하는 것"이라고 스스로 되뇌는 것과 마찬가지다.

16 마음은 스스로 방해가 되지 않는다. 스스로 겁을 먹고 욕망에 빠지지 않는다. 다른 것들이 마음을 불안하게 하거나 아프게 할 수 있다면 그렇게 하게 내버려 두라. 마음은 스스로 인식한 것을 바탕으로 해서 그 길로 가지 않을 것이다.

　(할 수 있다면) 육신이 불편함을 피하게 하라. 육신이 불편함을 느끼면 불편하다고 말하게 하라. 하지만 두려움과 아픔을 느끼고 가장 먼저 이를 떠올리는 것은 영혼이지만, 영혼은 무엇으로

부터도 고통받지 않는다. 왜냐하면 영혼은 결코 자신이 고통스럽다고 결론짓지 않을 것이기 때문이다.

마음은 그 자체로는 아무런 욕구가 없다. 다만, 스스로 욕구를 만들어낼 뿐이다. 마음은 무엇으로부터 방해받지도 않는다. 다만, 스스로 방해할 뿐이다. 마음은 장애물이라고는 모른다. 다만, 내면에서 만들어낸 장애물이 있을 뿐이다.

17 행복은 행운이거나, 훌륭한 인격이 낳은 결과이다.

17a 그런데 여기서 지각知覺이 대체 무엇을 하고 있는가? 어서 원래의 자리로 돌아가라. 사라지고 나니 속이 다 시원하군. 지각 따위는 필요 없다. 그렇다. 지각이 동원된 것은 그저 습관 때문이다. 물론 지각에 화가 난 것은 아니다. 그냥 사라져 주기만 해라.

18 변화가 두려운가? 하지만 변화 없이 존재할 수 있는 것이 어디 있는가? 무엇이 자연의 핵심에 더 가까운가? 장작을 때지 않고도 뜨거운 물로 목욕할 수 있는가? 과연 재료를 변형시키지 않으면서 음식을 먹을 수 있는가? 무언가 변화하지 않고서도 필수적인 과정이 일어날 수 있는가?

모르겠는가? 이 진리는 그대에게도 똑같이 적용된다. 이것이 자연의 본성에 필수적이듯 말이다.

19 육신을 지닌 모든 사람은 마치 급류를 헤쳐가듯 실존을 헤치고 나아간다. 그들은 자연에서 나서 자연과 협력한다. 우리 팔다리가 서로 협력하는 것처럼 말이다. 시간은 크리시포스와 소크라테스, 에픽테토스 같은 사람들을 수없이 집어삼키고 집어삼켰다.

여기서 '에픽테토스'는 누구나, 무엇이나 뜻한다고 보면 된다.

20 나는 내가 인간 본성에 반하는 행동을 하게 될까 봐 무섭다. 이것이 내 유일한 두려움이다. 잘못된 일이나 잘못된 방법, 잘못된 시간에 무언가를 하게 될까 봐 두렵다.

21 그 모든 것을 잊을 시간이 가까워졌다. 내가 잊혀질 시간도 가까워졌다.

22 실수할 때조차 사람들에게 애정을 느끼는 것이야말로 참으로 인간다운 일이다. 다음 몇 가지 사실만 깨우치면 너도 얼마든지 그렇게 할 수 있다. 그들 역시 인간이며, 본인들의 의지와 달리 무지에서 행동하는 것이다. 너나 그들이나 모두 얼마 지나지 않아 죽을 운명이다. 무엇보다도 그들 때문에 네가 실제로 상처받은 적은 없다. 그들 때문에 네 선택 능력이 감퇴하지도 않았다.

23 자연은 실체를 재료로 삼아 들판을 달리는 말을 만든다. 조

각가가 왁스로 작품을 만드는 것처럼 말이다. 그런 다음, 그것을 녹여서 그 재료로 나무를 만든다. 그다음에는 사람을 만든다. 또 다음에는 그밖에 다른 것을 만든다. 그리하여 이들은 각각 아주 짧은 시간만 존재한다.

무언가를 담는 그릇을 조립하고 분해해도 그 그릇에는 아무런 해가 되지 않는다.

24 얼굴에 분노를 드러내는 행동은 자연의 순리에 어긋나는 것이다. 화난 표정은 결국에는 영원히 지워져서, 완전히 꺼진 불처럼 다시는 불붙지 못하게 된다. 그러므로 이런 사실을 바탕으로 화난 표정은 자연에 어긋나는 것으로 결론짓도록 노력하라.

25 오래지 않아, 그 모든 것을 다스리는 자연이 네가 보는 모든 것을 개조하여 재료로 삼아 무언가 다른 것을 만들 것이다. 그렇게 반복하고 반복할 것이다. 세상이 끊이지 않고 새로워지도록.

26 사람들이 너를 해치는 경우, 그들이 어떤 이로움과 어떤 해로움을 예상하고 그렇게 했을지 헤아려 보라. 이것을 파악하게 되면 격분이나 분노 대신 연민이 느껴질 것이다. 선악에 대한 네 감각이 그들과 같거나 거의 비슷한 경우라면 너는 그들을 용서해야 한다. 혹은 선악에 대한 양측의 감각이 서로 다를 수도 있다. 이런 경우라면 그들이 잘못 인도된 것이니 네 동정을 받아 마땅

하다. 자, 이렇게 하는 것이 그렇게 힘든 일인가?

27 네가 가지지 않은 것은 존재하지 않는 것으로 취급하라. 네가 가지고 있는 것, 가장 아끼는 것들로 시선을 돌려, 그것들이 없었다면 얼마나 갈망했을지 생각해 보라. 다만, 이때 조심해야 한다. 과도한 만족감 때문에 네가 가지고 있는 것들을 과대평가하기 시작해서는 안 된다. 그것들을 잃었을 때 속상한 마음이 들 정도가 되어서는 안 된다.

28 자기 침잠 : 마음에 필요한 것은 우리가 해야 할 일을 하고 그 결과 고요함을 얻음으로써 충족된다.

29 잘못된 인식을 버려라.

더는 꼭두각시처럼 조종당하지 말라.

현재에만 집중하도록 스스로 제한하라.

너에게 그리고 다른 사람들에게 무슨 일이 일어나는지 파악하라.

존재하고 있는 것을 분석하여 질료와 원인으로 잘게 쪼개라.

삶의 마지막 시간이 언제일지 예상하라.

다른 사람들의 실수는? 실수한 자들의 몫으로 남겨라.

30 사람들이 하는 말을 귀 기울여 듣고 생각하라. 무슨 일이 일

어나는지, 무엇 때문에 그 일이 일어나는지에 마음을 집중하라.

31 소박함과 겸손함을 지니고 옳고 그름에만 관심을 가지면서 몸을 깨끗하게 하라.

다른 인간 존재들을 좋아하라. 신을 따르라.

31a 이런 말이 있다. "모든 것은 상대적이다. 그런데 실제로는 원자만 그렇다." 여기서 '모든 것은 상대적'이라는 앞 구절만으로는 모자람이 많지만, 그것만 기억해도 충분하다.

32 [죽음에 대하여] 원자들이라면 산산이 흩어질 것이고, 단일체라면 사라지거나 변해 버릴 것이다.

33 [고통에 대하여] 견딜 수 없는 고통은 그것으로 끝장을 본다. 만성적인 고통은 언제나 견딜 만하다. 지성은 스스로 육신과 분리함으로써 평정을 유지하며, 마음은 여전히 건재한다. 고통의 타격을 받는 부분들은 가능하다면 자기 목소리를 낼 수 있게 하라.

34 [야망에 대하여] 사람들의 마음이 작동하는 방식, 그들의 열망과 두려움의 대상. 겹겹이 쌓이는 모래 더미처럼 사건은 금세 그다음 사건으로 가려진다.

35 "그의 마음속이 고귀함과 모든 시간, 모든 존재에 대한 이해로 가득하다면 우리 인간의 삶이 그에게 큰 의미가 있을 것 같은가?"

"어떻게 그럴 수 있겠는가?"

"그렇지 않다면 죽음이 두려운가?"

"전혀."

36 "왕이라는 신분은 선한 행위로 악명을 얻는 것."

37 수치스러움 : 마음은 표정을 통제해야 하고, 원하는 대로 표정을 만들 수 있어야 하지만, 마음의 모습을 만들어서는 안 된다.

38 "대체 왜 우리는 세상에 분노해야 하는가? 그런다고 세상이 알아주기라도 할 것처럼!"

39 "부디 네가 높은 곳에 계시는 분들과 우리에게 기쁨을 선사하기를."

40 "꼿꼿이 서 있는 곡식 줄기를 수확하듯 삶을 추수하라. 차례차례 자라서 잘려 나가는 곡식처럼 말이다."

41 "나와 우리 두 아이가 신들의 마음을 움직이지 못한다면 신들이 그럴 만한 이유가 반드시 있기 때문이다."

42 "의롭고 선한 것이 내 편이기 때문이다."

43 이구동성으로 한탄하지도, 미친 듯 화내지도 말라.

44 "내가 유일하게 할 수 있는 적절한 대답은 이것이다. '그대는 밥값 하는 사람은 죽음을 걱정하느라 자기가 하는 일이 옳은지 그른지, 자기 행동이 선인의 행동인지 악인의 행동인지 신경 쓰지 않는다고 생각하는가? 그렇다면 그대가 크게 잘못 생각하는 것이다.'"

45 "배심원 여러분, 말하자면 이렇습니다. 자기가 정한 주둔지나 지휘관이 정해준 주둔지는 끝까지 자리를 사수하면서 적과 대치해야 하는 곳이라고 생각합니다. 그곳에서는 죽음을 걱정하거나 임무 수행 외 다른 어떤 걱정도 하지 말아야 합니다."

46 "친애하는 친구여, 고귀함과 미덕이 사람 목숨과는 다른 문제일 수 있다는 것을 곰곰이 생각하라. 진짜 사내라면 얼마나 사느냐 하는 문제는 잊어야 한다. 목숨에 매달리지 말고, 신들에게 맡겨야 한다. 여자들이 말하듯, '누구도 자기 운명을 피할 수 없으므로', 시선을 돌려 눈앞의 삶을 최고로 잘 사는 법에 관심을 집중해야 한다. 과연 이렇게 하는 것은 불가능한 일일까?"

47 별들과 함께 회전하기라도 하는 것처럼 별들의 행로를 관찰하라. 원소들이 서로서로 어떻게 변화하는지 늘 마음속에 명심하라. 이런 생각들을 하면 저 아래 가라앉아 있던 삶의 찌꺼기가 깨끗이 씻겨진다.

48 사람들에 대해 이야기하고 싶다면 높은 곳에서 아래로 땅을 내려다보아야 한다. 군중, 군대, 농장, 결혼, 이혼, 출생, 사망, 소란한 법정, 적막한 장소, 모든 이민족, 축제, 애도 기간, 장 서는 날 등등 모든 것이 한데 섞여 있다. 반대되는 것들이 조화를 이루고 있다.

49 과거를 돌아본 다음, 그것을 기반으로 미래를 추정해 보라. 달라진 것 하나 없을 것이다. 반복되는 사건들에서 벗어날 길도 없다.

바로 그렇기에 40년간 삶을 관찰한 것이나 천 년을 관찰한 것이나 매한가지다. 설마하니 새로운 것을 발견하게 될까?

50 "땅에서 난 것은 땅으로 돌아가고 하늘에서 난 것은 모두 하늘로 되돌아간다."

원자들의 무리가 쪼개어 갈라지고, 감지할 수 없을 정도로 미미한 원소들은 어떻게든 산산이 흩어진다.

51 "먹을 것과 마실 것과 마법의 주문을 동원하여 죽음을 좌절시킬 참신한 방법을 찾아라."

51a "즐겁게 일하면서 천상에서 불어오는 바람을 참고 견뎌라."

52 그는 훌륭한 씨름꾼이지만, 더 훌륭한 시민, 더 훌륭한 사람, 궁지에 빠졌을 때 더 훌륭한 자원, 결함을 더 잘 용서하는 자는 아니다.

53 신과 인간이 공유하는 로고스의 지시대로 일이 이루어지는 곳에서는 모든 것이 질서정연하다. 우리 노력이 열매를 맺기 때문에, 우리 노력이 우리 본성과 발맞춰 나아가기 때문에 이익이 있는 곳, 그런 곳에는 우리가 무서워할 것이 하나도 없다.

54 어디서든, 매 순간, 선택의 기회가 네게 주어진다.
　　주어진 사건을 겸손한 마음으로 받아들일 기회가.
　　당면한 사람을 마땅히 걸맞게 대우할 기회가.
　　머리에 떠오른 생각에 조심스럽게 접근해서 비이성적인 것이 조금도 스며들지 않게 할 기회가.

55 다른 사람들의 마음에 관심을 두지 말라. 자연의 본성이 이끄는 대로 똑바로 앞만 바라보라. 너에게 일어나는 일들을 통해 일

반적인 자연이 인도하는 곳을 보고, 네 행동을 통해 네 본성이 이끄는 곳을 보라.

모든 것은 그것이 만들어진 목적을 다해야 한다. 다른 것들은 로고스를 지닌 것들을 위해 만들어졌다. 이런 점에서도 열등한 것들은 우월한 것들을 위해 존재하며, 우월한 것들은 서로를 위해 존재한다.

우리가 만들어진 주된 목적은 다른 사람들과 함께 일하기 위해서다.

두 번째 목적은 육신의 충동에 저항하는 것이다. 왜냐면 로고스가 주도하는 것들은 거리를 두는 능력이 있기 때문이다. 즉, 순전히 육체적인 것에 불과한 충동과 감각에 저항하는 능력이 있기 때문이다. 생각은 충동과 감각의 주인이 되고자 하지, 그 대상이 되려고 하지 않는다. 그리고 그래야만 한다. 충동과 감각이 창조된 목적은 생각을 위해 쓰이기 위해서다.

세 번째 목적은 경솔함과 쉽게 믿는 성향을 피하기 위해서다.

마음이 이러한 사실을 파악해서 곧장 앞으로 나아간다면 꼿꼿함을 유지할 수 있다.

56 네가 죽었다고 생각해 보라. 수명을 다했노라고 말이다. 자, 이제 남은 생을 올바르게 살아라.

57 일어나는 일, 예정된 일만을 사랑하라. 이보다 위대한 조화로

움은 없다.

58 모든 일이 일어날 때마다 너보다 먼저 그 일을 경험하고 충격과 분노, 억울함을 느꼈던 사람들을 눈앞에 그려보라.

지금 그들은 어디에 있는가? 어디에도 없다.

너도 그렇게 되기를 원하는가? 아니면 이 모든 어지러운 공격을 모면하고(다른 사람들의 몫으로 남기고) 그 모든 것을 가지고 네가 할 수 있는 일에 집중하겠는가?

너는 이런 상황을 활용할 수 있으니, 이를 원료로 삼도록 하라. 오로지 주의를 기울여 자신의 기대에 부응하는 삶을 살기로 다짐하라. 그리고 선택의 순간이 되면 명심하라. 우리가 하는 일은 정말로 중요한 것임을.

59 깊이 파라. 물(선량함)은 깊은 그곳에 있다. 파는 것을 멈추지 않는 한, 계속해서 솟아오르리라.

60 육신에 필요한 것은 안정이다. 육신이 어떤 상태에서 어떤 행동을 하건, 모든 경우에 받게 되는 갑작스러운 충격에도 흔들리지 않도록 하라. 지성 덕분에 표정에 드러나는 응집력과 아름다움, 이것이야말로 육신에 필요한 것이다.

다만, 별다른 노력 없이 이루어져야 한다.

61 무용수가 아니라 씨름꾼이 되어야 한다. 갑작스러운 공격을 기다리고, 대비하고, 묵묵히 참고 기다릴 줄 알아야 한다.

62 네가 그토록 인정받고 싶어 하는 사람들이 실제로 어떤 사람들인지, 어떤 마음을 지니는지 주시하라. 그러면 어쩔 수 없이 실수를 범하는 사람들을 비난하지 않게 되리라. 그들의 인정을 받을 필요도 느끼지 않게 되리라. 그들의 판단과 행동의 원천을 이미 모두 파악했을 것이기 때문이다.

63 "우리 의지와는 달리, 우리 영혼은 진리와 단절되어 있다."

진리는 물론, 정의, 자제력, 친절 등도 마찬가지다.

그러므로 이 사실을 명심하는 것이 중요하다. 그러면 다른 사람들을 대할 때 더욱 인내할 수 있게 되리라.

64 고통을 느낄 때면 어떻게 해야 할까?

고통 때문에 네 얼굴에 먹칠하거나 지성의 격이 떨어지는(지성이 비이성적이거나 이기적으로 행동하는) 일은 없다는 것을 깨달아라.

대부분 경우, 다음과 같은 에피쿠로스의 말이 도움이 된다.

"고통의 한계를 잊지 않고 상상 속에서 그 한계를 부풀리지 않는 한, 고통은 견딜 수 없지도, 끝이 없지도 않다."

명심할 것이 하나 더 있다. 고통은 흔히 졸음, 열, 식욕 상실 등 다른 모습으로 나타난다. 이런 것들 때문에 괴로워진다면 마음속으로 되새겨라. "내가 고통에 굴복하고 있구나."

65 비인간적인 잔인함을 대할 때, 잔인함이 인간을 대하듯 하지 않도록 경계하라.

66 텔라우게스가 소크라테스보다 훌륭한 사람이 아니었는지 우리가 어떻게 아는가?

소크라테스의 죽음이 더 고귀했는지, 그가 소피스트들과 더 능숙하게 토론했는지, 추운 밤을 더 끈기 있게 버텼는지, 살라미스 출신을 체포하라는 명령을 받았을 때 거절하기로 결심하고 으스대며 길거리를 걸었는지 아닌지를 묻는 것으로는 충분치 않다.

중요한 것은 그가 어떤 영혼을 지녔었냐는 것이다.

즉, 사람을 정의롭게 대하고 신을 숭배하는 것으로 만족했는지, 다른 사람들의 악행에 예상치 못하게 이성을 잃지는 않았는지, 다른 사람들의 무지에 노예처럼 속박되지는 않았는지, 자연이 한 일을 비정상적인 것으로 취급하거나 참을 수 없는 형벌처럼 견디지는 않았는지, 육신을 관리하는 일에 전념하지는 않았는지가 중요하다.

67 네가 자신만의 경계선을 설정하지 못할 정도로(네 행복을 네가 좌우하지 못할 정도로) 자연이 만물을 촘촘하게 섞어놓지는 않

았다. 누구도 알아채지 못하더라도 얼마든지 훌륭한 사람이 될 수 있다는 사실을 명심하라.

명심할 것은 또 있다. 행복하게 사는 데에는 많은 것이 필요하지 않다. 또한 위대한 사상가나 과학자가 되고 싶다는 희망을 포기했다고 해서, 자유를 성취하고 겸손을 갖추고 다른 사람들에게 봉사하고 신에게 순종하기를 포기하지 말라.

68 어떤 충동에도 굴하지 말고 평화로운 삶을 살라. 사람들이 원하는 대로 고함치게 내버려 두라. 짐승들이 네 부드러운 살을 갈기갈기 찢도록 놔두어라. 그 어느 것도 너를 가로막지 못한다. 신뢰성 있게 주변을 평가하면서 고요한 마음을 유지하고, 무슨 일이 벌어지건 이를 기꺼이 활용하겠다는 마음가짐을 무슨 수로 가로막겠는가? 그래야 판단력이 사건을 똑바로 직시하며 말할 수 있다. "남들의 눈에 네가 어떻게 보이든, 이것이 너의 참모습이다." 그러면 적응력이 한 마디 덧붙인다. "너야말로 내가 찾던 것이다." 왜냐면 나에게 현재는 이성적 미덕, 간단히 말해 인간과 신이 공유하는 기술을 발휘할 기회이기 때문이다. 인간과 신, 양측 모두 무슨 일이 일어나건 전적으로 자연의 순리에 부합하는 일로 취급한다. 새롭거나 다루기 어려운 것이 아니라, 친숙하고 쉽게 다룰 수 있는 일이라 여긴다.

69 인격의 완성 : 매일매일을 생애 마지막 날인 것처럼 살라. 광

분하지 말고, 그렇다고 나태하지 않으면서도 가식 없이 살라.

70 신들은 영원히 살지만, 인간과 인간의 행동을 영원히 참고 견뎌야 하는 처지가 짜증스럽지 않은 것 같다. 그들은 단순히 참고 견디기만 하는 것이 아니라 적극적으로 인간을 돌보기까지 한다.

반면, 너는 (죽기 직전까지도) 여전히 사람들을 돌보려 들지 않는다. 너도 그들 가운데 한 명인데도 말이다.

71 다른 사람들의 결점을 피하려 애쓰는 것은 어리석은 일이다. 피한다고 피할 수 있는 것이 아니기 때문이다. 그저 자기 자신의 결점을 피하려 노력하라.

72 우리를 이성적이고 사회적인 존재로 만드는 힘이 그렇지 않은 무언가를 만날 때마다, 그 힘은 타당하게도 그것을 열등한 것으로 여긴다.

73 너는 도움을 주었고, 그들은 그 도움을 받았다. 그것으로 끝난 일이다. 그런데 어리석게도 너는 계속해서 더 많은 것을 요구한다. 선행을 인정받고, 똑같이 보답받고 싶어 하는 것이다. 대체 무엇 때문인가?

74 그 누구도 자신에게 유용한 것을 싫어하거나 반대하지 않

는다.

다른 사람들에게 쓸모 있는 존재가 되는 것은 자연의 본성에 부합하는 일이다.

그렇다면 네게 유용한 것을 반대하지 말고, 너도 쓸모 있는 존재가 되어라.

75 세상은 자연의 의지로 창조되었다. 현재 존재하는 모든 것은 논리적으로 그 뒤를 잇는다. 그렇지 않다면 세상의 지성이 가장 많은 의지를 보이는 일들조차도 완전히 무작위적인 셈이 된다.

이렇게 생각하면 여러 상황에서 평정심의 원천이 된다.

제8권

1 다시 한번 겸손을 촉구한다. 너는 철학자의 삶을 살았다고 주장할 수는 없다. 어른이 된 이후만 따지더라도 마찬가지다. 스스로 돌아보면 자신이 얼마나 철학과 거리가 먼 삶을 사는지 알 수 있을 것이다. 다른 사람들도 마찬가지다. 너는 이미 오염된 상태다. 그래서 이제는 철학자로서의 명성을 얻기가 그리 만만치 않다. 게다가 네 지위도 장애가 된다.

자, 이제 상황 파악이 되었을 테다. 그러니 사람들이 너를 어떻게 생각하는지는 다 잊기를 바란다. 여생이 아무리 짧더라도 네 본성에 따라 살 수 있다면 만족하도록 하라. 이 사실에만 초점을 맞추고, 다른 생각은 하지 말라. 너는 방방곡곡을 찾아다니다가 결국 깨닫지 않았던가. 네가 찾던 것, 즉 어떻게 살 것인가라는 질문에 대한 답을 결코 찾지 못했다는 사실을. 그 답은 삼단논법이나 돈, 명성, 방종에서 찾을 수 없었다. 그 어디에도 없었다.

그러면 어디서 찾을 수 있을까?

인간 본성에 따라 행동하면 된다.

그러려면 어떻게 해야 하는가?

기본원칙을 지키면 된다. 기본원칙이 너의 의도와 행동을 다스려야 한다.

기본원칙이란 무엇인가?

선악과 관련된 원칙을 말한다. 즉, 공정과 자기통제, 용기, 자유의지로 이끄는 것만이 선하며, 이와 반대되는 것은 악하다는 원칙이다.

2 매번 행동할 때마다 스스로 질문하라. 이 행동이 내게 무슨 영향을 끼치는가? 과연 이 행동에 대한 내 마음이 바뀔까?

하지만 나는 곧 죽을 테고, 모든 것은 사라질 것이다. 따라서 내가 던져야 할 유일한 질문은 이것이다. 이 행동이 책임감 있는 존재이자 사회의 일원이 할 만한 행동인가? 신의 뜻에 부합하는 행동인가?

3 알렉산드로스와 카이사르, 폼페이우스. 이들을 디오게네스, 헤라클레이토스, 소크라테스와 비교해볼까? 이 철학자들은 사물의 본질과 이유와 방법을 알았다. 그들은 자기 마음의 주인이었다.

반면, 저 정치인들은 어땠는가? 그들에게는 불안과 속박만이 있었을 뿐이다.

4 너는 얼굴이 파랗게 될 때까지 숨을 참으며 화를 억누를 수 있지만, 그래도 사람들은 계속해서 그렇게 할 것이다.

5 불인해하지 말라. 자연의 본성이 모든 것을 통제한다. 게다가 너는 머지않아 어디에도 존재하지 않게 될 것이다. 하드리아누스나 아우구스투스처럼 말이다.

네가 해야 하는 일에 집중하라. 거기에 시선을 고정하라. 스스로 되뇌어라. 네 임무는 선한 인간이 되는 것이라고. 또한 자연의 본성이 사람들에게 요구하는 것이 무엇인지도. 그런 다음에는 주저 말고 그 일을 하라. 네가 아는 대로 진리를 말하라. 다만, 친절하고 겸손하면서 위선적이지 않은 태도를 잃지 말아야 한다.

6 자연이 하는 일은 만물을 다른 곳으로 옮기고, 변형하고, 여기저기로 이동시키는 것, 끊임없이 변화시키는 것이다. 하지만 걱정할 필요 없다. 그런다고 새로울 것은 하나도 없다. 모든 것이 다 익숙하다. 심지어 배합 방식마저 달라지지 않는다.

7 모든 종류의 본성은 진전을 자양분 삼아 번창한다. 이성적 마음에 있어서 진전이란 인식 과정에서 거짓이나 불확실성을 수

용하지 않는다는 의미다. 이기적이지 않은 행동만을 목표로 삼고, 통제할 수 있는 것들만 추구하거나 회피하고, 본성이 요구하는 바를 받아들인다는 뜻이다(나뭇잎의 본성이 나무의 본성을 이루는 일원이듯, 이성적 마음도 이 본성을 이루는 한 부분이다). 다만, 나뭇잎이 공유하는 본성은 의식이나 이성이 없고 장애물의 방해를 받는다. 반면, 인간이 공유하는 본성은 걸림돌도 없고 이성적이며 정의롭다. 왜냐면 인간의 본성은 모든 사람과 모든 사물에 시간과 존재, 목적, 행동, 기회를 공평하고 균형 있게 배당하기 때문이다. 인간의 본성을 면밀하게 살펴보라. 사람들이 모든 점에서 하나하나 똑같은지 따질 것이 아니라, 전체적으로 이 사람과 저 사람을 비교하도록 하라.

8 독서할 시간은 없을지라도 네 오만함을 통제할 시간은 있다. 고통과 쾌락을 극복할 시간도 있다. 야망에서 벗어날 시간도 있다. 어리석고 불쾌한 사람들에게 분노를 느끼지 않을 시간, 이럴 시간은 있다.

9 궁에서의 삶에 대해 불평하는 소리를 누가 듣지 못하게 하라. 심지어 너 자신에게도 들키지 말라.

10 후회란 자기에게 이익이 되는 무언가를 그냥 지나친 것에 대해 스스로 짜증이 나는 것이다. 만약 그것이 네게 이익이라면 그

것은 틀림없이 선한 것일 테다.

하지만 진정으로 선한 사람은 쾌락을 지나쳤다고 후회하지는 않는다. 그러므로 그것은 네게 이익이 될 수도, 선한 것이 될 수도 없다.

11 근본적으로 이것은 무엇인가? 그 본성과 실체, 존재 이유가 무엇인가? 그것이 세상에서 하는 일이 무엇인가? 그것은 여기에 얼마나 오랫동안 존재하는가?

12 아침에 잠자리에서 일어나기 힘들 때면 명심하라. 너를 규정하는 특징(인간을 정의하는 것)은 다른 사람들과 함께 일한다는 것이다. 잠자는 것은 동물들도 할 줄 안다. 본성에 더 부합하는 활동(더 선천적이고 더 만족감을 주는 활동)이 특징적인 활동이다.

13 일어나는 모든 일에 물리학, 윤리학, 논리학을 한결같이 적용하라.

14 누군가를 상대해야 할 때면 스스로 질문하라. 이 사람이 말하는 선과 악은 무슨 의미인가? 그가 쾌락과 고통(그리고 그 원인)에 대해, 명성과 수치, 삶과 죽음에 대해 x 혹은 y라고 생각한다면, 그가 x 혹은 y라는 행동을 할 때 놀라거나 충격받아서는 안 된다.

사실, 그렇게 행동하는 것 말고는 그에게 실제 선택의 여지가 없다는 사실을 나는 상기할 것이다.

15 명심하라. 무화과나무가 무화과를, 세상이 세상에서 나는 것을 생산한다고 놀라서는 안 된다. 훌륭한 의사는 환자가 열이 있을 때 놀라지 않고, 조타수는 맞바람이 불 때 놀라지 않는 법이다.

16 명심하라. 마음을 바꾸고 정정을 수용하는 것 역시 자유로운 행위다. 이런 행동의 주인은 바로 너다. 다른 누구도 아닌 너의 의지와 결정, 마음에 따른 것이다.

17 네가 통제할 수 있는 것이라면 왜 그렇게 하는가? 다른 누군가가 통제하는 것이라면 누구를 탓하겠는가? 원자들? 신들? 어느 쪽이건 어리석은 행동이다.

아무도 탓하지 말라. 할 수만 있다면 사람들을 바로잡아라. 그렇지 않다면 그냥 피해를 복구하라. 만약 어느 것도 할 수 없다면 사람들을 탓한다고 네게 무슨 결과가 돌아오겠는가?

의미 없는 행동은 하지 말라.

18 죽는다고 해서 소멸하지는 않는다. 죽더라도 변형되고 분해되어 세상과 너의 일부로서 여기 세상에 남는다. 그리고는 아무런

불평 없이 또다시 변형된다.

19 모든 것은 각자 목적을 지닌 채 여기 존재한다. 들판을 달리는 말부터 포도나무 싹에 이르기까지 모두가 그렇다. 이런 사실이 뭐가 그렇게 놀라운가? 심지어 태양도 "내게는 목적이 있다."라고 할 것이며, 다른 신들도 마찬가지일 것이다. 그렇다면 너는 왜 태어났는가? 쾌락을 위해서인가? 이 대답이 정답인지 두고 보아라.

20 본성은 공중으로 공을 던지는 사람과 같다. 그는 던지면서 공이 올라가 아치를 그린 다음 어디로 떨어질지를 판단한다. 그런데 위로 날아 올라간 공이 얻게 되는 것은 무엇인가? 또는 땅으로 곤두박질친 공이 잃게 되는 것은 무엇인가?

거품은 거품으로 존재함으로써 무엇을 얻는가? 또는 거품이 터지면서 무엇을 잃는가?

이는 촛불도 마찬가지다.

21 속을 뒤집어 꺼내 보라. 과연 어떤 모습인가? 늙으면 어떤 모습인가? 또는 병들면? 또는 길에서 자신을 팔면?

사람은 모두 잠깐 살다가 죽는다. 칭송하는 사람이건 칭송받는 사람이건, 기억하는 사람이건 기억되는 사람이건, 모두 마찬가지다. 기억되더라도 일부 지역이나 어느 한 모퉁이에서만 기억될

뿐이며, 심지어 그곳에서도 사람들은 의견이 분분하다.

지구도 우주 안에서는 그저 하나의 점에 불과하다.

22 네 눈앞에 있는 것, 즉 현재의 관념, 행동, 발언을 고수하라.

22a 이것은 네가 마땅히 치러야 하는 대가다. 너는 오늘 선하게 살 수 있었으나, 그러는 대신 내일을 선택하는구나.

23 나는 무엇을 하는가? 나는 내가 하는 일이 인간의 선행에 따른 결과라고 여긴다.

무슨 일이 내게 일어나는가? 나는 내게 일어나는 일을 받아들이고 그것이 신들의 작품이라고 여긴다. 만물은 모든 것의 원천이 되는 신이라는 샘에서 다 함께 솟아 흐른다.

24 기름, 땀, 먼지, 땟물 등 하나같이 역겨운 것으로 가득한 욕조.

이와 마찬가지로 삶 전체, 눈에 보이는 세상도 모두 다 그렇다.

25 루킬라를 남겨둔 채 베루스가 세상을 떠났고, 그런 다음 루킬라도 세상을 떠났다. 세쿤다를 남겨둔 채 막시무스가 세상을 떠났고, 세쿤다가 그 뒤를 이었다. 디오티무스 다음으로 에피틴카누스가, 파우스티나 다음으로 안토니누스가 세상을 떠났다.

모든 사람이 다 마찬가지다.

켈레르를 남겨둔 채 하드리아누스가 세상을 떠났고, 그 뒤 켈레르가 세상을 떴다.

명석한 사람들, 통찰력 넘치는 사람들, 자긍심 강한 사람들. 모두 어디로 사라져버렸는가? 카락스, 플라톤학파인 데메트리우스, 에우다에몬처럼 명석한 사람들도 마찬가지다. 짧게 살다 간 이들 피조물은 이미 죽은 지 오래다. 그들 가운데에는 사람들의 기억에 전혀 남지 않은 이들도 있고, 전설이 된 이들도 있으며, 심지어 전설에서도 사라진 이들이 있다.

그러므로 명심하라. 너를 이루던 구성요소들도 산산이 흩어질 것이다. 네 안에 있던 생명도 꺼질 것이다. 아니면 행군 명령에 따라 새로운 곳으로 배치될 것이다.

26 인간은 인간답게 행동함으로써 기쁨을 느낀다.

그러면 인간다운 행동이란 무엇인가? 다른 사람들에게 친절하고, 감각을 경멸하고, 겉모습에 의문을 품고, 본성과 자연 속에서 일어나는 사건들을 관찰하는 것이다.

27 인간의 3대 관계란 무엇인가?

1) 내가 기거하는 육신과의 관계

2) 신성, 즉 만물 속에 있는 모든 것의 원인과의 관계

3) 내 주변 사람들과의 관계

28 고통은 육신에 영향을 주거나(이는 육신의 문제다), 아니면 영혼에 영향을 준다. 하지만 영혼은 고통의 영향을 받지 않겠노라고 스스로 선택함으로써 평정심과 평온을 유지할 수 있다. 우리의 모든 결심, 충동, 욕구, 혐오감은 우리 내면에 있다. 어떤 악도 내면으로 들어와 이들을 건드릴 수 없다.

29 그릇된 인식을 지우려면 스스로 되새겨라. 내 안에는 힘이 있다. 그 힘은 악과 욕망, 모든 혼란으로부터 내 영혼을 지켜준다. 또한 만물을 있는 그대로 보고 마땅한 대접을 하게 해준다. 이 타고난 능력을 절대 간과하지 말라.

30 상대가 누구든 올바른 어조, 고압적이지 않은 자세로 발언하라. 적절한 단어를 선택해서 사용하라.

31 아우구스투스의 궁전을 보면 그의 아내, 딸, 손자, 사위, 누이, 아그리파, 친척, 하인, 친구, 아리우스, 마에케나스, 의사, 제사장 등 궁에 있던 사람들 모두 죽었다.

개인의 죽음만 있는 것이 아니다.

사람들은 묘비에 '마지막으로 살아남은 후손'이라고 적는다. 대를 이을 후계자를 걱정했던 조상들의 마음을 헤아려 보라. 하지만 누군가는 마지막을 장식해야 하는 법. 그렇게 또 한 가문 전체가 멸문한다.

32 행동 하나하나를 모아서 자기 삶은 자기가 맞추어 완성해야 한다. 가능한 한 각각의 행동이 목표를 달성하면 그것으로 만족해야 한다. 그 누구도 이를 막지 못한다.

하지만 외부의 장애물이 있지 않은가?

정의감, 자제력, 분별력을 바탕으로 하는 행동을 가로막을 것은 아무것도 없다. 그래도 좀 더 구체적인 행동을 방해하는 걸림돌은 있을 것이다.

하지만 장애물을 있는 그대로 받아들이고 주어진 대로 노력한다면 대안이 생길 것이다. 행동 하나하나로 삶을 완성하는 데 필요한 또 하나의 퍼즐 조각이 생기는 것이다.

33 오만함을 버리고 받아들여라. 무심하게 흘려보내라.

34 몸통에서 손발이 절단되거나 머리가 잘려 나간 것을 본 적이 있는가? 자기한테 일어난 일을 거역할 때, 그 일과 자신을 분리할 때, 이기적인 행동을 할 때, 그럴 때 우리는 제 몸을 잘라내는 짓을 하는(또는 하려고 하는) 셈이 된다.

타고난 상태, 즉 태어날 때부터 공유하기로 한 하나의 단일체에서 자기 자신을 찢어내는 것이다. 거기서 잘라내 버리는 것이다.

그러나 우리에게는 한 가지 장점이 있다. 바로 잘려 나간 몸을 다시 붙일 수 있는 능력이다. 분리되고 잘려 나간 다음 다시 합칠 수 있는 능력. 이것은 신이 세상 누구에게도 주지 않고 오직 우리에게만 하사한 특권이다. 하지만 신이 어떻게 우리를 뽑았는지 주목하라. 신은 애초에 우리가 분리되지 않게 했지만, 우리가 분리된 경우, 다시 돌아가서 원래대로 이식되어 다시 한번 옛 위치를 차지할 수 있게 했다. 다시 말해, 전체를 이루는 한 부분이 되게 했다.

35 우리에게는 이성 그 자체의 본성뿐만 아니라 모든 이성적 피조물 안에도 존재하는 다양한 능력이 있다. 그 가운데는 다음과 같은 능력도 있다. 자연이 모든 장애물, 모든 걸림돌을 치우고 자기 목적에 맞게 바꾸어 자신의 일부로 편입하는 것과 마찬가지로, 이성적 존재도 좌절이 생길 때마다 이를 원료로 삼아 자신의 목표를 달성하는 데 활용할 수 있다.

36 삶의 전반적인 모습 때문에 상상이 깨지지 않게 하라. 일어날 가능성이 있는 나쁜 일을 전부 머릿속에 그리려 들지 말라. 당면한 상황에만 집중해서 스스로 질문하라. "왜 이렇게 견디기 힘들지? 왜 못 버틸 것 같지?"

과거나 미래는 네게 아무런 영향도 주지 않는다는 사실을 상기하라. 오로지 현재만이 힘이 있다. 그러나 이조차도 최소화할 수 있다. 현재의 한계를 표시하면 된다. 만일 네 마음이 이를 버틸 수 없다고 주장하려 들면 그때는 수치심을 느껴라.

37 판테이아나 페르가무스는 베루스의 무덤을 여전히 지키고 있는가? 카브리아스나 디모티무스는 하드리아누스의 무덤을 지키고 있는가? 당연히 아니다. 만약 그들이 여전히 지키고 있다고 한들, 무덤 속 황제들이 알아줄까?

만일 안다고 하더라도 과연 좋아할까?

만일 좋아한다고 하더라도 애도하며 무덤을 지키는 사람들이 영원히 살기라도 할까? 그들도 나이 들어 늙으면 죽을 운명 아닌가? 그렇게 되면 무덤 속 황제들이 뭘 어떻게 하겠는가?

38 부패로 인한 악취가 난다. 가방 속에 썩은 고기가 있다.

또렷하게 살펴보라. 할 수만 있다면.

39 "내 판단력에 따르면 인격에는 정의와 대립하기 위한 미덕은 없다. 하지만 쾌락과 대립할 미덕, 즉 자제력은 보인다."

40 네가 상상하는 고통을 감지하기를 멈춰라. 그러면 너는 전혀 타격받지 않을 것이다.

'너'라고 했는가?

너의 로고스를 말하는 것이다.

하지만 로고스가 내 전부는 아니지 않은가.

그럼, 좋다. 로고스가 다치지만 않게 해라. 로고스 말고 다른 부분이 다치게 되면 그 부분이 스스로 알아서 하게 해라.

41 생명이 있는 것들에게는 그들의 감각 작용을 가로막거나 그들의 의도를 실현하지 못하게 방해하는 것이라면 무엇이든 '해롭다'. 이와 같은 장애물은 식물에도 해롭다. 이성적 피조물들의 경우에는 마음의 작용을 방해하는 것이라면 모두 해롭다.

이런 논리를 자기 자신에게도 적용해 보라.

너는 고통과 쾌락에 동요하는가? 이 문제는 감각으로 대처하라. 네 행동을 가로막는 장애물이 있는가? 그 가능성을 고려하지 못한다면 이성적 존재로서 너는 해를 입게 된다. 하지만 상식을 사용하면 너는 해를 입거나 방해를 받지 않는다. 그 무엇도 마음의 작용을 가로막을 수는 없다. 불이건, 강철이건, 폭군이건, 학대건, 그 무엇도 범접할 수 없다. 마음이 '완벽한 정적에 잠겨 있는 영역'인 한 그렇다.

42 나는 나 자신을 해칠 권리가 없다. 피할 수 있는 상황이었다면 나는 다른 누구도 해쳤던 적이 없다.

43 사람들은 다양한 방식으로 쾌락을 얻는다. 나는 마음을 또렷이 유지할 때 쾌락을 느낀다. 또한 사람들이나 내게 일어나는 일들을 외면하지 않을 때, 눈에 보이는 모든 것을 받아들이고 환영할 때, 매사를 합당하게 다룰 때 즐거움을 느낀다.

44 현재의 순간은 나에게 주는 선물이다.

사후의 명성을 추구하는 사람들은 미래 세대도 지금 그들이 알고 있는 짜증스러운 사람들과 다를 바 없다는 사실을, 그들도 마찬가지로 죽을 수밖에 없는 운명이라는 것을 잊은 것이다. 그들이 너에 대해 x라고 이야기하거나 y라고 생각하더라도, 그것이 네게 무슨 상관이겠는가?

45 나를 들어올려 던져라. 어디로든 좋다. 내 정신의 존재와 행동이 그 정신의 본성과 일치하는 한, 그곳이 어디건 나의 정신은 나를 자애롭게 대할 것이다.

대체 내 영혼이 왜 고통받거나 비하되어야 하는가? 비참하고, 긴장하고, 움츠러들고, 겁을 먹어야 하는가? 어떻게 그럴 수 있다는 말인가?

46 인간이 경험하는 것은 인간다운 경험에 속하는 한 부분이다. 황소가 황소로서의 경험을 하듯, 포도나무는 포도나무로서 경험을 하고, 돌의 경험은 돌만의 고유한 것이다.

일어날 수 있는 일 가운데 예사롭지 않거나 자연의 순리를 따르지 않는 것은 없다. 그러므로 어떤 일이 일어난다고 불평하는 것은 아무 의미도 없다. 자연은 우리가 견딜 수 없는 것을 참고 견디게 만들지 않는다.

47 외부의 것들은 문제가 아니다. 그들에 대한 너의 평가가 문

제다. 이런 평가는 지금 당장 네가 지워버릴 수 있는 것이다.

만일 네 인격에 무언가 문제가 있다면 네가 마음을 바로잡겠다는데 누가 못하게 막겠는가?

해야 한다고 생각하는 일을 하지 않는 것이 문제라면 그냥 하는 것이 어떤가?

만약 극복할 수 없는 장애물들이 가로막고 있다면 그것은 문제가 아니다. 네가 행동하지 않는 원인이 너의 밖에 있기 때문이다.

하지만 어떻게 미완의 행동과 함께 삶을 계속 이어갈 수 있겠는가?

그렇다면 선한 양심을 지닌 채 세상을 하직하라. 마치 장애물까지 떠안으면서 그렇게 하기라도 할 것처럼 말이다.

48 명심하라. 외부와 척지고 자신 속으로 침잠하여 그 안에서 만족감을 느끼는 마음은 연약하다. 그런 마음은 자신의 의지에 반하는 것은 아무것도 하지 않는다. 그것이 제아무리 비이성적이더라도 말이다. 그런데 만일 마음이 내리는 판단이 계획적이고 논리에 바탕을 둔 것이라면?

열정 없는 마음은 요새와 같다. 이보다 안전한 곳은 없을 정도다. 그곳으로 몸을 피하면 우리는 영원히 안전하다. 이것을 모르면 무지한 것이다. 그리고 알면서도 안전을 추구하지 않는다면 비참한 것이다.

49 오로지 첫인상만이 중요하다. 가령, 누군가가 너를 모욕했다면 그것이 전부다. 모욕이 네게 해가 되었는지는 알 수 없다. 우리 아들이 아프면 나는 이 사실을 알 수 있다. 하지만 '그가 아파서 목숨을 잃을지'는 알지 못한다. 그러니 첫인상만을 고수하라. 더 나아가 결론을 도출해서는 안 된다. 그러면 네게는 아무 일도 일어나지 않는다.

아니면 얼마든지 결론을 도출하라. 다만, 세상에 일어날 수 있는 모든 일을 다 알고 이를 바탕으로 추론해야 한다.

50 오이에서 쓴맛이 나는가? 가차 없이 버려라.

가시덤불이 길을 가로막는가? 피해서 돌아가라.

이것만 알면 된다. 더 필요 없다. '왜 그런 것들이 존재하는지' 알려고도, 따지지도 말라. 세상을 잘 아는 사람이라면 그런 질문을 하는 너를 비웃을 것이다. 목수의 공방에서 톱밥을 발견하고 놀라면 목수가 비웃듯, 구두를 만들다 남은 가죽 조각을 보고 충격을 받으면 구두장이가 비웃듯 말이다.

물론 이런 것들을 처분할 장소는 있다. 하지만 자연은 만물을 쓸어내 버릴 문이 없다. 그래도 자연의 솜씨가 멋진 데는 이유가 있다. 이런 한계에 직면하면 자연은 부서지고 낡고 쓸모없어 보이는 모든 것을 버리지 않고 자기 자신으로 탈바꿈시켜서 그로부터 새로운 것을 만들어낸다. 그러면 외부에서 또는 남은 것을 처분하는 곳에서 재료를 구할 필요가 없다. 자연은 공간, 재료, 노동력 등 필요한 것은 모두 스스로 해결한다.

51 부주의한 행동은 금물이다. 혼란스러운 말도 금물이다. 정확하지 않은 생각도 금물이다. 자기 영혼 속으로만 숨어 들어가거나 자기 영혼을 벗어나려 애쓰지 말라. 지나친 활동도 금물이다.

사람들은 너를 죽이고, 칼로 자르고, 욕을 퍼붓는다. 그러면 네 마음은 명료함과 분별력, 자제력, 정의와 단절되지 않는가?

예를 들어보자. 한 남자가 맑고 달콤한 물이 솟아나는 샘 옆에 서서 이 샘을 저주한다. 그러는 동안에도 신선한 샘물은 계속해서 보글보글 솟는다. 그는 샘에 진흙을 퍼넣거나 오물을 버릴 수 있다. 그러면 샘물은 이를 쓸어버리고 스스로 깨끗해져서 다시 때 묻지 않은 상태로 남는다.

이와 같은 샘을 갖도록 하라. 물을 모아둔 통이 아니라 영구히 맑은 물이 솟아나는 샘 말이다.

그러려면 어떻게 해야 할까? 열심히 노력해서 자유를 얻으면 된다. 매 순간, 인내와 정직, 겸손을 통해 노력해야 한다.

52 세상이 무엇인지 모르면 자기가 어디에 있는지 모르는 것이다.

세상이 왜 여기에 있는지 모르면 자기가 누구인지, 세상이 무엇인지 모르는 것이다.

이러한 사실을 전혀 알지 못하면 자기가 왜 여기에 있는지 모르는 것이다.

그렇다면 우리는 자기가 어디에 있는지, 자기가 누구인지 알지 못하는 이런 사람들의 갈채에 신경을 쓰는 사람을 어떻게 생각해야 할까?

53 그대는 15분마다 자책하는 사람들로부터 칭송받고 싶어 한다. 자기 자신을 경멸하는 사람한테 인정받고 싶어 한다. 자기가 하는 모든 일을 거의 다 후회하는 것이 과연 자존감이 있다는 징표인가?

54 호흡을 통해 우리 자신을 우리 주변에 있는 공기에만 연결할 것이 아니라, 생각을 통해 우리 자신을 만물을 아우르는 이성에도 연결하라. 이성은 어디에나 존재한다. 호흡하는 사람들의 몸 안에 널리 퍼져 있는 공기처럼, 이성을 받아들이는 사람들 안에 널리 퍼져 있다.

55 악이 존재한다고 세상에 해가 되는 것은 아니다. 개별적인 악행은 그 희생자에게 해를 끼치지 않는다. 그 악행의 피해자는 오직 한 사람, 그 악을 행하는 자다. 그 역시 자기가 마음만 먹으면 당장에라도 피해에서 벗어날 수 있다.

56 다른 사람들의 의지는 그들이 쉬는 숨이나 육신과 마찬가지

로 나의 의지와는 독립된 별개의 것이다. 우리는 서로를 위해 존재할 수는 있지만, 우리 의지는 각자 다스리는 영역이 따로 있다. 그렇지 않다면 사람들이 초래하는 폐해가 내게 해를 끼칠 수도 있을 것이다. 이는 신이 의도한 바가 아니다. 나의 행복은 내가 아닌 다른 사람의 손에 좌우되지 않는다.

57 우리는 햇빛이 "우리에게 쏟아져 내린다."라거나 사방에서 "우리 위로 쏟아진다."라고 말한다. 하지만 햇빛이 쏟아진 적은 결코 없다. 왜냐면 실제로 쏟아지지 않기 때문이다. 햇빛은 뻗어나간다. '햇살aktai'이라는 단어는 '햇살이 뻗어나가는ekteinedthai' 데에서 유래한 말이다.

햇살의 본성을 파악하려면 어두운 방에 좁은 틈새로 햇빛이 비치는 모습을 눈여겨보라. 일직선으로 뻗어나가는 햇살은 그 앞을 가로막고 서서 뒷공간을 차단하는 모든 고체에 다 부딪힌다. 그러면서 햇살은 소멸하거나 사라지지 않고 그곳에 남는다.

생각의 분출(전파)도 이와 같아야 한다. 생각이 쏟아져나와 비워지는 것이 아니라 뻗어나가야 한다. 장애물을 만났을 때 분노하며 폭력적으로 부딪히거나 그 앞에서 사라져버려서는 안 된다. 그 대신, 흔들림 없이 자신의 주장을 고수하면서 자기 생각을 받아들이는 대상을 밝게 빛나게 해야 한다.

빛을 전달하지 않으면 어둠이 만들어진다.

58 죽음에 대한 두려움은 우리가 경험할 수도 있는 것에 대한 두려움이다. 완전한 무無이거나 완전히 새로운 무언가에 대한 두려움이다. 하지만 만일 우리가 무를 경험하면, 즉 아무것도 경험하지 않으면 나쁜 것은 아무것도 경험할 수 없다. 만약 우리의 경험이 달라지면 우리의 존재도 함께 달라질 것이다. 어디까지나 변화하는 것이지, 중단되는 것이 아니다.

59 사람들은 서로를 위해 존재한다. 너는 사람들을 가르치거나 참고 견디면 된다.

60 화살은 이렇게 움직이고, 마음은 저렇게 움직인다. 잠시 멈출 때조차도, 결론을 저울질할 때조차도 마음은 자기 목표를 향해 앞으로 움직이고 있다.

61 다른 사람들의 마음속에 들어가라. 그리고 다른 사람들도 네 마음속에 들어오게 하라.

제9권

1 불의는 일종의 신성모독이다. 자연은 이성적 존재들이 서로를 위하도록 설계했다. 그들이 각자 걸맞게 서로서로 돕도록 만들었다. 그래서 자연의 의지를 거스르는 것은 신들 가운데 가장 오래된 신에게 불경을 저지르는 것과 같다.

거짓말 역시 자연의 의지를 거스르는 것이다. 왜냐면 '자연'은 현재 상태의 본성을 의미하기 때문이다. 그런데 현재 상태와 사실은 밀접하게 연결되어 있어서, 자연과 진리(진정한 만물의 원천)는 동의어라고 할 수 있다. 그러므로 고의로 거짓말을 하는 것은 모독하는 행위와 같다. 거짓말하는 것인지 깨닫지 못한 채 거짓말하는 것도 마찬가지이다. 자기도 모르게 거짓말하는 사람도 자연의 조화(질서)를 깨뜨리기 때문이다. 이런 사람은 세상이 조직된 방식과 충돌한다. 이런 사람은 자신의 의지와 다르더라도 진리에 반하는 것을 지향하는 사람과 같다. 자연은 그에게 참과 거짓을 분간할 지략을 주었다. 하지만 그는 이를 등한시했고, 이제는 참과 거짓을 구별하지 못하게 된 것이다.

쾌락을 선으로 삼아 추구하고, 고통을 악으로 삼아 회피하는 것 역시 신성모독이다. 이렇게 하는 사람은 한결같이 자연을 비난하게 되어 있다. 그는 선인과 악인이 걸맞은 대접을 받지 않는다며 불평한다. 악인이 쾌락과 그 부산물을 즐기고 선인이 고통과 그 부산물로 고통받는 경우가 많다고 말이다. 게다가 고통을 두려워하는 것은 반드시 일어나게 되어 있는 일을, 세상의 현재 모습을 두려워하는 것과 같다. 이것 역시 신성모독이다. 쾌락을 추구하면 잘못을 피하기 어렵기에, 이는 명백히 불경스러운 행위다.

자연이 차별하지 않고 공평하게 대하는 것들이 있다. 만일 자연이 둘 중 어느 하나를 특별 대우한다면 그 둘을 모두 창조했을 가능성은 거의 없는 셈이다. 따라서 우리가 자연을 따르고 싶다면, 자연과 한마음이 되고 싶다면 자연의 공정함을 공유해야 한다. 고통보다 쾌락을, 죽음보다 삶을, 익명성보다 명성을 특별하게 여기는 것은 신성모독이 분명하다. 자연은 그렇게 하지 않는 것이 틀림없기 때문이다.

자연이 공평무사하다는 의미는 무엇일까? 바로 현재 존재하는 것들과 그 뒤를 잇는 것들에게 이런 일들이 다양한 시기에 차별 없이 일어난다는 뜻이다. 이 과정에는 신의 섭리라는 오래된 신의 뜻이 작용한다. 자연은 태초의 출발점에서부터 이러한 신의 뜻에 의해 현재 우리가 알고 있는 창조 작업에 착수했다. 그리고 이를 위해 다가올 일에 대한 원칙을 세우고 존재와 변화, 그리고 그 점진적인 단계를 아우르는 생성력을 확정했다.

2 진정한 행운은 거짓이나 위선, 방종, 자긍심을 한 번도 접하지 않고서 세상을 떠나는 것일 테다. 하지만 '그다음으로 최고의 인생 여정'은 그런 것들을 충분히 겪었다 싶을 때 삶을 마감하는 것이다. 그렇지 않다면 너는 악과 함께 눈을 감기로 작정이라도 한 것인가? 경험으로 배우지 않았는가? 역병을 피하듯 악을 피해야 한다고 말이다. 왜냐면 악은 오염된 공기나 건강하지 않은 기후 때문에 생긴 그 어떤 것보다 나쁜 역병이 맞기 때문이다. 오염된 공기로 생긴 질병들은 네 목숨만 위협하지만, 악이라는 이 역병은 너의 인간성을 공격한다.

3 죽음을 경시하지 말고 환영하라. 죽음 역시 자연의 순리 가운데 하나다. 젊음과 늙음, 성장과 성숙, 새로 난 이와 수염, 처음 난 흰머리, 성과 임신, 출산 등 생애 단계마다 겪게 되는 다른 모든 신체적 변화와 마찬가지이다. 소멸, 즉 죽음도 이들과 다를 바 하나 없다.

사려 깊은 사람이라면 어떻게 죽음을 기다려야 할까? 무관심하거나, 조바심 내거나, 무시하지 말고, 죽음도 그저 우리에게 일어나는 여러 일 가운데 하나라고 여겨야 한다. 어머니의 자궁에서 아이가 모습을 드러내기를 고대하듯, 영혼이 몸담고 있던 보금자리를 떠나는 시간이 오기를 기다려야 한다.

어쩌면 네게는 마음속 깊은 곳에 숨겨둘 만한 깔끔하게 정리된 격언이 필요할 수도 있다. 그렇다면 두 가지를 곰곰이 생각하라. 그러면 죽음을 받아들일 수 있게 될 것이다. 먼저, 네가 남겨두고 떠날 것들의 본질이 무엇인지 고찰하라. 그다음에는, 더는 함께 어울릴 수 없게 될 사람들이 어떤 유형인지 곰곰이 생각하라. 이 사람들에게 분한 마음을 가질 필요는 없다. 사실, 너는 그들의 행복을 위하고 그들을 상냥하게 대해야 한다. 다만, 한 가지를 명심하라. 네가 무슨 생각을 하건, 뒤에 남겨두고 떠날 사람들에게는 다 부질없다. 왜냐면 우리를 제지할 만한 것은 그것, 즉 다른 사람들과의 공감대뿐이기 때문이다(그렇게 할 수만 있다면 말이다). 우리를 이 세상에 머물고 싶게 만들 수 있는 것은 하나밖에 없다. 우리와 비전을 공유하는 사람들과 함께 살 수 있는 기회, 이것이 우리의 발목을 잡으려 한다. 하지만 지금은 어떠한가? 우리가 겪고 있는 이 불협화음은 얼마나 지긋지긋한가? 죽음을 향해 "빨리 오라, 저들처럼 나도 나 자신을 잊어버리기 시작하기 전에."라고 말하고 싶은 마음이 충분히 들지 않는가?

4 해를 끼치는 행동은 자기 자신에게 해를 끼치는 것이다. 불의를 저지르는 것은 자기 자신에게 불의를 범하는 것이다. 이는 자기 품위를 떨어뜨리는 행위다.

5 아무것도 하지 않는 것으로도 불의를 저지를 수 있다.

6 지금, 바로 이 순간의 객관적인 판단력.

지금, 바로 이 순간의 이기적이지 않은 행동.

지금, 바로 이 순간의 외부 사건에 대한 흔쾌한 수용력.

네게 필요한 것은 이것이 전부다.

7 상상을 지워라. 욕망을 돌로 만들어라. 욕구를 잠재워라. 마음에만 마음을 집중하라.

8 로고스가 없는 동물에게는 같은 영혼이 주어져 있다. 로고스가 있는 동물도 같은 영혼을 공유한다. 바로 이성적 영혼이다. 지상의 모든 피조물이 하나의 지구를 공유하듯 말이다. 우리 모두 같은 빛으로 보고 같은 공기로 숨 쉬는 것처럼 말이다.

9 만물은 그들과 유사한 것이 존재한다면 그것에 끌린다. 흙으로 된 것은 모두 흙이 끌어당기는 힘을 느낀다. 물로 된 것은 모두 함께 흐른다. 공기로 된 것들도 마찬가지라서, 강제로 서로 섞이지 않게 해야만 한다. 불은 하늘 높이 있는 불에 의해 자연스럽게 위쪽으로 끌리지만, 다른 것, 즉 지상의 불꽃이 제아무리 살짝 건드려도 금세 불이 붙는다. 그래서 보통보다 건조한 것이라면 다 훌륭한 연료가 된다. 왜냐면 그 안에는 연소를 방해하는

것이 더 적게 섞여 있기 때문이다.

이와 마찬가지로, 지적 본성을 공유하는 것들도 그들과 유사한 것을 찾아 나서는 경향이 있다. 어쩌면 그런 경향이 더 강할 수도 있다. 왜냐면 그들은 기꺼이 상대방과 한데 섞이려는 경향이 더 강하다는 면에서 우월성을 지니기 때문이다.

비이성적인 존재들에게도 우리와 같은 무리와 둥지, 사랑이 존재한다. 그들도 영혼이 있으며, 발전된 형태의 유대 본능을 지니기 때문이다. 이는 식물이나 돌, 나무에서 찾아볼 수 있는 것이 아니다. 유대 본능은 이성적 존재에게서 훨씬 더 발달한다. 국가, 친구, 가족, 그룹, 조약과 휴전 협정 등이 있는 경우가 그렇다. 이렇듯 유대 본능이 훨씬 더 발달한 존재들에게는 심지어 따로 떨어져 있는 것들 사이에도 일종의 통일성이 있다. 이는 밤하늘의 별에서 볼 수 있는 것과 같은 종류의 통일성이다. 유대 본능이 높은 수준으로 발달하면 완전히 구별되는 별개의 것들 안에도 공감대가 형성될 수 있다.

하지만 지금 상황은 어떠한가? 유독 이성적인 것들만이 이처럼 끌리는 느낌을 상실한 유일한 존재가 되었다. 이들에게서는 서로 뒤섞인 모습이 보이지 않는다. 하지만 그들이 섞이지 않으려 아무리 노력하더라도, 벗어날 길은 없다. 자연이 더 강하기 때문이다. 가까이 들여다보면 알 수 있을 것이다.

인간이 인간성을 벗어나는 것보다는 구체적 물체들이 땅을 벗어나는 것이 더 쉬울 수 있다.

10 인간성, 신성, 세상. 이들은 모두 열매를 맺는다. 다만, 각자 열매를 맺는 제철이 따로 있다. 보통 우리는 이 표현을 포도나무를 비롯한 식물에 한정한다. 하지만 꼭 그럴 필요는 없다. 로고스의 열매는 우리와 로고스, 양측 모두에게 자양분을 제공한다. 거기에서는 다른 것들(로고스와 동종인 것들)도 샘솟는다.

11 사람들이 그렇게 하지 않도록 설득해라.

할 수만 있다면 말이다.

그렇지 않다면 명심하라. 우리에게 인내력이 주어진 데에는 이유가 있다. 신들 역시 사람들을 인내하며, 심지어 그들이 건강, 돈, 명성 등의 것들을 구체화하도록 도와준다. 신들의 선량함은 이 정도다.

네가 원하기만 한다면 너의 선량함도 마찬가지다. 그렇다면 무엇 때문에 주저하는가?

12 일하라.

동정심을 유발하거나, 연민이나 감탄을 얻어내려 하지 말라. 해야 할 것은 오로지 이것이다.

활동.

정적.

국가의 로고스가 요구하는 대로 하라.

13 오늘 나는 불안에서 벗어났다. 아니, 내가 불안을 버렸다. 불안은 바깥에 있었던 것이 아니라 나의 내면, 바로 나의 인식 속에 있었기 때문이다.

14 그 모든 것은 오랜 경험을 통해 알게 되며, 삶이라는 시간 안에 제한되고, 실체적으로 가치가 떨어진다.

그때나 지금이나, 우리가 땅에 묻은 사람들이 살았던 시대에도 다 마찬가지다.

15 상황은 밖에서 우리를 기다리며 문 앞을 맴돈다. 정체가 무엇이냐 물으면 자기도 알지 못해서 설명하지 못한다.

그렇다면 상황을 설명할 수 있는 것은 무엇인가?

바로 마음이다.

16 이성적이고 정치적인 존재들은 행동의 대상이 될 때가 아니라 행동할 때 선악의 근원이 된다. 즉, 그들의 선함과 악함이 드러나는 것은 행동의 대상이 될 때가 아니라 행동의 주체가 될 때이다.

17 공중으로 던져진 돌멩이는 위로 올라감으로써 얻는 것과 아래로 떨어지면서 잃는 것이 아무것도 없다.

18 사람들의 마음속으로 들어가라. 그러면 네가 그토록 두려워하는 심판자들을 발견하게 될 것이다. 그리고 그들이 얼마나 판단력 있게 자기 자신을 재단하는지도 알게 될 것이다.

19 모든 것은 한곳에 머무르지 않고 흘러가면서 변화한다. 너 역시도 소용돌이 속에서 변화하면서 소멸한다. 세상도 그렇다.

20 다른 사람들이 저지른 실수는 그냥 그대로 두어라.

21 우리가 활동을 그만하거나 끝까지 한 가지 생각만 하면, 이것은 일종의 죽음에 해당한다. 그런데 그런다고 우리에게 화가 돌아오지는 않는다. 네 삶을 한번 생각해 보라. 유년기, 소년기, 청년기, 노년기. 변화를 거칠 때마다 죽음이 진행되는 과정이었던 셈이다. 과연 이것이 그토록 끔찍했던가?

그렇다면 네 삶이 마감될 때도 그럴 것이다. 삶의 종료와 변화도 전혀 끔찍한 일이 아닐 것이다.

22 지성이 자리한 곳으로 직행하라. 너의 지성과 세상의 지성, 이웃의 지성이 자리한 곳으로.

너의 지성에게 가서는 정의가 그 바탕이 되게 하라.

세상의 지성에게 가서는 네가 일원으로 속해 있는 세상이 현재 어떠한 모습인지를 상기해라.

이웃의 지성에게 가서는 무지와 계산을 구별해라. 그리고 이웃의 지성도 네 지성과 같다고 인정하라.

23 너는 실존함으로써 한 사회에 참여한다. 그런 다음, 행동을 통해 그 사회의 삶에 참여한다. 사회적 목적을 지향하지 않는 행동은 네 삶의 걸림돌이자, 전체를 가로막는 장애물이며, 불화의 근원이 된다. 모임에서 언제나 다수와 보조를 맞추지 못하는 사람처럼 자기 자신과 충돌하게 된다.

24 어린아이처럼 떼쓰는 모습, 어린아이처럼 놀이하는 모습, '정령들이 시신을 운반하는 모습' 등. '지하세계의 오디세우스'는 실제 삶의 모습을 그곳에서 더 많이 발견했다.

25 그것의 존재 이유(현재의 모습으로 존재하게 만든 것)를 밝혀내어 파헤쳐라. 그런 다음, 그와 같은 것은 얼마나 오래 지속될 예정이었는지를 계산하라.

26 끝없는 고통. 모든 것은 자기 본분을 다하지 못하게 마음을 가로막는 데에서 생긴다. 이제 됐으니 그만하라.

27 누군가가 너를 모욕하고, 증오하는 등의 상황에 직면하게 되면 그의 영혼에 주목하라. 그의 내면으로 들어가라. 그가 어떤

부류의 사람인지를 살펴라. 애써 그에게 감동을 줄 필요가 없다는 것을 알게 되리라.

그래도 그가 잘 살기를 바라기는 해야 한다. 그는 가장 가까운 친척이니까. 신들은 너에게 하듯 똑같이 그가 원하는 것들을 얻을 수 있게 도와준다. 신들은 징후나 꿈을 비롯한 모든 방법을 동원한다.

28 세상의 순환은 절대 변하지 않는다. 세월이 흘러도 부침을 거듭한다.

둘 중 하나다. 세상의 지성이 매사에 의지를 발휘하는 것이거나(만약 그렇다면 그 의지를 받아들여라.), 의지는 한 번만 행사했고 나머지 모든 것은 그 결과로 뒤따르는 것이다. 만약 그렇다면 걱정할 이유가 있을까?

둘 중 하나다. 세상은 원자들로 이루어져 있거나, 아니면 하나의 단일체이다. 이것이 신의 뜻이라면 걱정할 것 없다. 다 잘 될 것이다. 만약 이것이 자의적이라면 무작정 따라 하지 말라.

우리가 흙 속에 묻히고 나면 흙이 변하게 되고, 이렇게 끝없이 변화가 이어지고 이어질 것이다.

끝없이 부서지는 변화와 변질의 파도를 생각해 보라. 그리고 죽을 수밖에 없는 우리의 짧디짧은 운명을 깨달아라.

29 세상이 설계한 것은 홍수와 같아서 눈앞의 모든 것을 쓸어가

버린다. 사람들은 어리석다. 그들은 나랏일과 철학(또는 그들이 철학이라고 여기는 것)을 하느라 바쁘다. 그래봤자 가래와 콧물에 불과하지만.

그럼 어떻게 해야 하는가?

본성대로 해라. 서둘러 움직여라. 다른 사람들이 너를 인정할지 말지는 걱정할 필요 없다. 플라톤이 말한 공화국은 기대도 하지 말라. 최소한의 진척만으로도 만족하라. 모든 결과를 중요하지 않게 여겨라.

사람들의 마음을 누가 바꿀 수 있겠는가? 마음이 변하지 않으면 신음과 노예 상태, 가식적인 복종만 있을 뿐이다. 계속해서 알렉산드로스, 필리포스, 팔레룸의 데메트리오스를 예로 들어라. 이들이 자연의 의지를 알고 따랐는지는 이들만이 답할 수 있다. 만약 이들이 왕 역할을 하는 것을 좋아한 것이라면? 글쎄, 누구도 내게 이들의 대역을 하라고 강요하지 않았다.

철학이라는 과업은 겸손하고 단도직입적이다. 그러니 나를 부추겨 건방지게 만들지 말라.

30 위에서 사람들을 내려다보라. 그들은 수많은 동물 무리처럼 모여 있고, 의례를 지내며, 잔잔하거나 폭풍이 몰아치는 바다로 여행한다. 그들이 세상에 나와, 서로 세상을 공유하고, 세상을 떠나는 방식은 실로 다양하다. 오래전 한때 다른 사람들이 살았던 삶, 네가 죽은 뒤 다른 사람들이 살게 될 삶, 심지어 지금 이역 땅

에서 사는 삶을 생각해 보라. 얼마나 많은 사람이 네 이름조차 모르는가. 얼마나 많은 사람이 지금은 알더라도 얼마 지나지 않아 잊어버리겠는가. 많은 사람이 지금은 너를 칭송하지만, 내일이면 경멸할지도 모른다.

기억되는 것은 부질없는 일이다. 명성도 마찬가지다. 모든 것이 다 그렇다.

31 외부에서 일어나는 사건에 신경을 쓰지 않는 대신, 자기가 주체가 될 때는 정의롭게 행동하기로 다짐하라.

그러면 생각과 행동의 결과로, 공동선을 낳게 된다.

이것이 바로 네가 태어난 목적이다.

32 마음속에서 자리를 차지하고 있는 쓰레기를 대부분 다 버리고 깨끗이 치워서 자기 자신을 위한 공간을 마련하려면 어떻게 해야 할까?

세상의 규모를 파악해야 한다.

무한한 시간을 묵상해야 한다.

만물(모든 것을 이루는 각 부분)이 변화하는 속도를 생각해야 한다. 우리가 태어나 죽기까지의 짧은 시간, 그 이전에 존재했던 무한한 시간, 그 뒤로 이어지는, 마찬가지로 한없이 계속되는 시간을 곰곰이 생각해야 한다.

33 네 눈에 보이는 모든 것이 이내 소멸할 것이며, 그 소멸을 목격하는 사람들도 사라질 것이다. 오래 살았다고 해서 단명한 사람들보다 좋은 점은 하나도 없다.

34 그들의 마음은 어떠한 모습인가? 그들은 무엇에 전념하는가? 무엇이 그들의 사랑과 감탄을 자아내는가?

그들의 영혼이 벌거벗었다고 상상해보라. 그리고 그들의 허영심도. 그들의 경멸이 누군가에게 해를 끼칠 수 있다거나 그들의 칭찬이 사람들에게 도움이 될 수 있다고 가정하는 그런 허영심도 말이다.

35 분해는 재구성과 같다.

자연이 하는 일이 바로 이것이다. 자연을 통해 세상만사는 정해진 대로 현재 일어나고 있으며, 과거에도 한결같이 똑같은 식으로 일어났으며, 미래에도 어떻게든 끝없이 계속해서 일어날 것이다.

지금 일어나는 상황은 최악이며 앞으로도 언제나 그럴 것이다, 신들에게는 이런 상황을 정상화할 힘이 없다, 세상은 끝없는 악의 고리에 갇힐 운명이다 등과 같은 말을 너는 어떻게 할 수 있단 말인가?

36 만물이 무엇으로 구성되었는지 뜯어보면 액체, 먼지, 뼈, 오물

을 발견하게 되어 역겨움이 몰려온다. 대리석은 먼지가 딱딱하게 굳은 것이고, 금과 은은 잔류물이며, 옷감은 털로 만든 것이고, 자주색 염료는 조개의 피로 만든 것이다. 나머지 모든 것도 다 마찬가지다.

살아 있는 우리의 숨결도 마찬가지다. 무언가에서 다른 무언가로 변한 것이다.

37 가엾게 칭얼거리는 원숭이 같은 이런 삶은 이제 지긋지긋하다.

대체 무엇이 문제인가? 새삼스럽게 왜 그러는가? 대체 무엇이 놀라운가?

존재 이유 때문인가? 부디 자세히 살펴보라.

재료 때문인가? 부디 자세히 살펴보라.

이것이 전부다.

그렇다면 신들은 어떠한가? 지금이라도 너는 더 단순하고 상냥하게 살려고 노력할 수 있으리라.

100년이나 3년이나… 다를 바 없다.

38 사람들이 네게 상처를 입혔다면 그 일로 고통받는 것은 바로 그들이다.

그런데 과연 그들이 네게 상처를 입혔는가?

39 둘 중 하나다. 만물은 하나의 지적 원천에서 솟아나서 하나의 본체를 형성하거나(이 경우, 부분은 전체의 작용을 받아들여야 한다), 아니면 오로지 원자만이 존재하여 영원히 합치고 쪼개지기를 반복한다. 그밖에는 없다.

그렇다면 대체 왜 불안해하는가?

자기 마음을 향해 질문을 던져라. 너는 죽었는가? 손상을 입었는가? 잔혹한가? 정직하지 않은가?

너는 저 무리 가운데 하나인가? 아니면 그 가운데 하나처럼 풀을 뜯고 있는 것인가?

40 둘 중 하나다. 신들은 힘이 있거나 아니면 없다. 신들에게 힘이 없다면 왜 그들에게 기도하겠는가? 신들에게 힘이 있다면 어떤 일이 벌어지거나 벌어지지 않게 해달라는 대신 다른 무언가를 위해 기도하는 것이 어떨까? 네가 두려움이나 욕망, 슬픔을 느끼지 않게 해달라고 기도하라. 신들이 무엇이든 할 수 있다면 분명 우리를 위해 그렇게 해줄 수 있을 것이다.

하지만 그런 것들은 신들이 내 몫으로 남겨둔 것이다.

그렇다면 노예나 거지처럼 수동적으로 자기 권한 밖의 것으로부터 통제받기보다는 자기가 좌우할 수 있는 일을 하는 것이 더 낫지 않을까? 왜 너는 신들이 우리 몫의 일에 신경 쓰지 않는다고 생각하는가?

다음과 같이 기도를 시작해보면 알게 될 것이다.

"꼭 그녀와 자게 해주소서."가 아니라, "내게 그러고 싶은 마음이 없어지게 해주소서."

"꼭 그를 제거해주소서."가 아니라, "내가 그런 시도를 멈추게 해주소서."

"꼭 내 아이를 구해주소서."가 아니라, "나의 두려움을 없애주소서."

이런 식으로 너의 기도 지향을 바꾸어라. 그런 다음, 무슨 일이 일어나는지 지켜보라.

41 에피쿠로스가 말했다.

"나는 병환 중에 대화를 나눌 때 내 몸 상태를 주제로 삼지 않았다. 나를 찾아온 사람들의 시간을 그런 종류의 일로 허비하고 싶지 않았다. 그 대신, 계속해서 철학을 논했고, 특히 한 가지 주제에 집중했다. 어떻게 하면 마음이 육신의 감각 작용에 참여하면서도 평정심을 유지하고 마음의 행복에 초점을 맞출 수 있을지 고민했다. 또한 나를 치료하는 의사들이 높은 사람들처럼 거들먹거리며 다니게 하지 않았다. 나는 변함없이 원래처럼 내 삶을 살았다."

그렇다. 아프거나 다른 어떤 상황에 놓이더라도 이렇게 해야 한다.

무슨 일이 있어도 철학을 내려놓지 말라. 괴짜나 교양 없는 자들과는 논쟁하지 말라. 이는 모든 철학자에게 요긴한 규칙이다.

지금 하고 있는 일과 그 일을 위해 동원한 것에 집중하라.

42 누군가 후안무치한 모습을 보이거든, 스스로 이런 질문을 던져라. 과연 후안무치함이 없는 세상이 가능할까?

불가능하다.

그렇다면 불가능한 일을 요구하지 말라. 세상에는 후안무치한 사람들도 있어야 한다. 지금 눈앞에 있는 사람은 그들 중 한 명일 뿐이다.

사악한 사람이나 신뢰할 수 없는 사람, 기타 결점이 있는 사람도 마찬가지다. 세상에는 그런 부류도 존재해야 한다는 사실을 기억한다면 그 부류에 속하는 사람들에게 좀 더 관대해질 수 있다.

유념해야 할 점이 하나 더 있다. 자연은 우리에게 위와 같은 결점에 맞설 수 있는 자질로 어떤 것을 선물했을까? 먼저 불친절에 대한 해독제로는 친절을 주었다. 이밖에 다른 결함들을 상쇄하는 데에는 각각 다른 자질을 주었다.

다른 사람들이 엇나가거든, 우리는 언제든 그들을 바로잡아주려 노력하면 된다. 왜냐면 잘못을 저지르는 사람은 무언가를 잘못하고 있는 것이기 때문이다. 즉, 잘못된 방식으로 무언가를 하고 있기 때문이다.

게다가 그들이 그렇게 한다고 해서 우리에게 해가 될까? 생각해 보면 알 것이다. 우리를 화나게 만든 사람들 가운데 그 누구도 우리 마음에 해를 끼칠 수 있는 일을 한 사람이 없다. 그런데 '해를 끼치다'나 '상처를 주다'의 의미는 이것뿐이다. 그렇다. 천박한 사람은 천박하게 구는 법이다. 아마 익히 들어봤을 말일게다. 모든 것은 사람들이 그렇게 행동하리라 예상하지 않은 자기 자신의 탓이 아닌가? 로고스는 우리에게 특정한 사람이 특정하게 행동할 수 있다는 것을 알 수 있는 수단을 주었지만, 우리가 주목하지 않은 것이다. 그런데 지금 와서 우리는 그가 그렇게 해버렸다고 화들짝 놀라고 있다. 그러므로 어떤 사람을 두고 "신뢰할 수 없다"라거나 "배은망덕하다"라고 말하고 싶을 때가 생기면 그 비난의 화살을 자기 자신에게로 돌려라. 잘못한 것은 바로 우리다. 그런 특징을 지닌 사람을 신뢰할 만하다고 추정한 사람은 우리이기 때문이다. 혹은 그들에게 호의를 베풀면서 그렇게 행동하는 것 자체가 우리에게 보상이 된다고 생각하지 않고, 무언가 보답이 돌아오기를 기대한 것도 우리이기 때문이다. 누군가를 도우면서 돕는 것 자체가 보상이라는 생각 말고 무엇을 기대했는가? 우리의 본성이 요구하는 일을 한 것으로 충분한 것 아닌가? 그 일에 대한 보수도 받고 싶은 것인가? 그렇다면 그것은 우리 눈이 보는 역할을 하는 것에 대한 보상을 기대하거나 우리 발이 걷는 기능을 하는 것에 대한 보상을 기대하는 것과도 같다. 눈이나 발이나 다 그런 일을 하기 위해 만들어진 것이다. 이들은 설계된 목적대로 일함으로써 자신의 기능을 수행한다. 반면, 인간은 다른 사람들을 돕기 위해 만들어졌다. 그러므로 우리가 다른 사람들을 도울 때, 또는 그들이 무언가를 하도록 도울 때 우리는 우리가 설계된 목적대로 행동하는 것이다. 우리에게 주어진 기능을 수행하는 것이다.

제10권

1 나의 영혼에게 :

너는 선량함을 성취할 생각이 있는가? 단순하고 온전하며 솔
직해질 작정인가? 너를 담고 있는 육신처럼 있는 그대로 볼 생각
이 있는가? 다정하고 살가운 성향이 어떤 느낌일지 알고 싶은가?
충만감을 만끽하면서 욕망, 즐거움의 대상이 되는 사람이나 물건
에 대한 갈망을 멈출 생각이 있는가? 혹은 이런 것들을 즐길 시
간을 더 많이 갈구하거나, 더 온화한 기후를 지닌 다른 장소나
나라를, 더 편하게 어울릴 수 있는 사람들을 열망하기를 그만둘
생각이 있는가? 그렇다면 그 대신 지금 네가 가지고 있는 것에
만족하고 현재의 모든 것을 받아들여라. 또한 모든 것은 신들의
선물이며 지금과 마찬가지로 언제나 만사형통할 것이라고 확신
해라. 완벽한 통일체를 보존하기 위해 신들이 무엇을 결정하고 무
엇을 비축하건 말이다. 이 완벽한 통일체는 선하고 의로우며 아

름답다. 또한 만물을 창조하고, 이들을 연결하고 아우르며, 이들의 분리된 파편을 모아 이들과 같은 것을 더 많이 창조해낸다.

너는 신들과 인류의 동료 시민으로서 행동할 생각이 없는가? 그 누구도 비난하지 않고, 누구로부터도 질책을 받지 않을 생각이 있는가?

2 자연이 요구하는 바에 초점을 맞춰라. 마치 자연의 요구사항만이 너를 지배하기라도 하듯. 그런 다음, 그 요구대로 행동하라. 그리고 이 상황을 받아들여라. 살아 있는 존재로서 너의 본성이 이 일로 인해 격이 떨어지지 않는 한.

그런 다음에는 너의 본성이 요구하는 바에 초점을 맞춰라. 그리고 이 상황 역시 받아들여라. 이성적 존재로서 너의 본성이 이 일로 인해 격이 떨어지지 않는 한.

'이성적'이라는 말에는 '공민적'이라는 의미도 포함되어 있다.

이와 같은 지침을 따름으로 다른 일로 시간을 낭비하지 말라.

3 세상에 일어나는 모든 일은 견딜 만하거나 그렇지 않거나 둘 중 하나다.

만일 견딜 만하다면 불평은 그만하고 견뎌라.

행여 견딜 만하지 않다면 그래도 불평은 그만해라. 네가 파멸하면 그 일도 종말을 맞을 테니.

단, 명심하라. 네 마음이 견딜 만하게 만드는 일이라면 너는 무엇이든 견딜 수 있다. 그렇게 하는 것이 네 이익에 부합하는 것이라고 간주하면 된다.

너의 이익에 부합하거나 너의 본성에 부합한다고 말이다.

4 사람들이 실수를 저지르면 상냥하게 고쳐주고 어디가 잘못되었는지 알려줘라. 그렇게 할 수 없다면 그 책임은 다른 누구도 아닌 너에게 있다.

5 너에게 일어나는 일은 그것이 무엇이건 태초부터 일어나기로 되어 있는 일이다. 운명의 실은 두 가닥이 꼬여 만들어진다. 하나는 너의 실존이며, 다른 하나는 너에게 일어나는 일들이다.

6 원자가 문제이건, 자연이 문제이건, 제일 먼저 언급해야 할 것은 다음 내용들이다. 첫째, 나는 자연이 통제하는 세상의 한 부분이다. 둘째, 나는 나와 유사한 다른 부분들과 관계를 맺고 있다. 이러한 사실을 유념하면 일개 부분으로서 나는 전체가 내게 배정해준 것을 불평할 권리가 없다. 왜냐면 전체에 이로운 것은 전체를 이루는 부분들에 해를 끼칠 수 없으며, 전체는 전체에 이롭지 않은 일은 하지 않기 때문이다. 이는 모든 본성이 공유하는 특징이다. 세상의 본성을 규정하는 특징은 하나 더 있다. 어떠한 외부의 힘도 세상이 스스로 해를 입히도록 강제하지 못한다는 것이다.

따라서 내가 전체의 한 부분이라는 사실을 유념하면서 나는 무슨 일이 일어나더라도 다 받아들일 것이다. 또한 다른 부분들과의 관계 때문에 이기적인 행동은 하지 않을 것이다. 그 대신 다른 부분들과 합쳐지고, 행동할 때마다 우리 모두에게 이로운 방향으로 행동하며, 이롭지 않은 일은 피하는 것을 목표로 삼을 것이다. 내가 이 모든 것을 실천한다면 나는 틀림없이 원만한 삶을 살게 될 것이다. 이런 삶이 바로 네가 기대하는 시민의 삶일 수도 있다. 동료 시민들에게 도움이 되는 행동을 하고 공동체의 법령을 받아들이는 시민의 삶 말이다.

7 본디 전체는 불가피하게 파멸(변화)될 수밖에 없는 개별 부분들로 이루어져 있다. 만일 그 과정이 부분들에 해를 끼치면서도 피할 수 없는 것이라면 어떻게 전체가 순조로울 수 있을지 이해하기 힘들다. 전체를 이루는 부분들은 한 상태에서 다른 상태로 바뀌면서 오로지 다양한 방식으로 파괴되기 위해 만들어졌기 때문이다. 과연 자연은 자신을 이루는 구성요소들에 해를 끼칠 의도가 있는 것일까? 그들을 해로움에 취약하게 만들어 실제로 해를 입을 운명으로 만들려는 것일까? 아니면 자연은 무슨 일이 벌어지고 있는지 의식하지 못하고 있는 것일까? 둘 중 어느 것도 아주 그럴싸해 보이지는 않는다.

하지만 우리가 자연을 버리고 이러한 것들을 고유의 특성을 통해 설명한다면 어떨까? 세상에 있는 개개의 것들은 본래 변화하는 경향이 있으면서 이와 동시에 변화에 놀라거나 불평하는 경향도 있다고 한다면, 이 역시도 터무니없는 소리로 들릴 것이다. 특히나 원래 상태로 상황이 되돌아갈 때면 더욱 그렇다. 왜냐면 우리 원소들은 단순히 퍼져 있을 뿐이거나 아니면 중력의 지배를 받고 있거나 둘 중 하나이기 때문이다. 고체 부분은 땅을 향해 끌어당겨지고, 공기처럼 가벼운 것은 공중으로 끌려가서 우주의 로고스 속으로 흡수된다. 우주의 로고스는 주기적인 대화재의 대상이 되거나 끊임없는 변화를 통해 다시 새로워진다.

그런데 이들 원소가 우리가 태어날 때부터 우리와 함께 존재한다고 상상해서는 안 된다. 이들의 유입은 어제 또는 엊그제 일어났기 때문이다. 우리가 먹은 음식과 우리가 숨 쉰 공기로부터 말이다.

그러므로 변화하는 것은 바로 이들이다. 너의 어머니가 낳은 사람, 즉 네가 변하는 것이 아니다.

8 너는 다음과 같은 별칭으로 불리도록 노력하라. 올곧은 사람, 겸손한 사람, 단도직입적인 사람, 분별력 있는 사람, 협조적인 사람, 사심 없는 사람.

이와 다른 별칭으로는 불리지 않게 노력하라.

만약 이런 별칭을 잃게 될 처지가 되면 되찾기 위한 노력을 시작하라.

명심하라. '분별력'이란 만물을 있는 그대로 파악하는 능력,

맥락을 놓치지 않는 능력을 뜻한다.

'협력'이란 자연이 배정해준 것을 기꺼이 받아들인다는 의미다.

'사심이 없다'라는 의미는 지성이 육체의 움직임에 초연해야 한다는 것이다. 그 움직임이 거칠거나 매끈하거나 마찬가지다. 또한 지성이 명성과 죽음, 그리고 이와 같은 모든 것에 초연해야 한다는 뜻이다.

다른 사람들이 위의 별칭으로 너를 부르건 말건 상관없이 이 별칭들에 대한 권리를 네가 계속 주장하면 너는 새 삶을 사는 새 사람이 될 것이다. 지금까지와 같은 사람으로 계속해서 살아간다면 지금의 삶이 너를 갈기갈기 찢고 격을 떨어뜨리는 상황을 계속 유지한다면 감각 없이 삶을 과도하게 사랑하며 살게 될 것이다. 경기장에서 맹수와 싸우는 격투사처럼 말이다. 그들은 몸이 반쯤 갈기갈기 찢겨서 피범벅인 상태에서도 내일까지 경기가 연장되기를 간청한다. 그리고는 다시 맹수에게 물어뜯기고 발톱으로 공격을 당한다.

그러므로 너를 안내해줄 이 한 줌 남짓한 별칭들을 가지고 인생의 항해를 시작하라. 할 수만 있다면 순탄한 항로를 선택하라. 축복받은 섬으로 들어가는 선택된 사람처럼 말이다. 만약 표류하는 느낌이 든다면 끝까지 희망을 잃지 말고 다시 돌아올 수 있는 곳으로 배를 대도록 하라. 아니면 삶을 완전히 하직하라. 다만 분노하지 말고 감정을 배제한 채 무미건조하게, 단도직입적으로,

오만하지 않게, 최소한 사는 동안 그만큼이나 이루었다는 사실을 깨달으면서 세상을 떠나라.

네가 이들 별칭을 마음속에 간직하려고 노력하는 만큼, 신들을 마음속에 간직하는 데에도 큰 도움이 될 것이다. 신들이 바라는 것은 아첨이 아니다. 그 대신 이성적 존재들이 그들을 닮기를 바란다. 무화과는 무화과에 예정된 일을 하고, 개는 개에게, 벌은 벌에게, 그리고 사람은 사람에게 예정된 일을 하기를 원한다.

9 극적으로 과장된 행동, 전투, 혼란, 나태함과 노예근성. 매일같이 이런 것들이 너의 성스러운 원칙들을 가려버린다. 너는 이런 원칙들을 생각 없이 공상 속에서 떠올리거나 그저 스쳐 흘려보낸다.

행동하고 인식할 때는 다음과 같은 목표를 설정해야 한다.

실질적인 목적을 완수할 것.

생각을 실행으로 옮길 것.

이해력을 바탕으로 한 자신감을 유지할 것. 이때 자신감은 너무 요란하지 않아야 한다. 겉으로 드러날 듯 드러나지 않아야 한다.

과연 너는 언제쯤 마음껏 솔직할 수 있을까? 진지할 수 있을까? 혹은 개개의 것들을 이해할 수 있을까? 그것들 각각의 본성과 실체, 세상에서 차지하는 자리, 수명, 구성, 누가 소유할 수 있는지, 누가 주고받을 수 있는지 파악할 수 있을까?

10 거미는 파리를 잡을 수 있다고 으스댄다. 사람은 토끼, 물고기, 멧돼지, 곰, 사르마티아인*을 잡는다고 뻐긴다.

하나같이 범죄 심리다.

11 사람들이 모두 어떻게 서로서로 변하는지 알 수 있는 능력을 획득해라. 그리고 이 능력을 끊임없이 발휘하라. 자기 자신을 단련하는 데 활용하라. 이보다 정신 성장에 좋은 것은 없다.

11a 그는 육신을 벗어버린 뒤, 행동할 때마다 헌신적으로 정의를 실현했고 어떤 일이 일어날 때마다 헌신적으로 자연을 섬겼다. 얼마 후 어느 시점이 되면 인류를 버리고 이 모든 것을 남겨두고 떠날 수밖에 없다는 것을 깨달았기 때문이다. 사람들이 뭐라 하건, 어떻게 생각하건, 어떻게 대하건, 그에게는 관심 밖이었다. 그를 사로잡은 문제는 오직 두 가지였다. 지금 하고 있는 것이 과연 행할 만한 옳은 일인가? 과연 자신에게 주어진 것을 수용하고 환영하는가? 그는 이밖에 다른 걱정거리, 다른 임무는 모두 내려놓았다. 그가 원하는 것은 단 하나였다. 법이라는 길을 통해 신에게로 직행하는 것.

12 왜 이렇게 어림짐작하는가? 무엇을 해야 하는지 보이지 않는

---

* 다뉴브 강변에 살던 부족으로, 아우렐리우스는 그들과 오랜 전쟁을 치렀다.

가? 길이 보이거든, 그 길로 가라. 뒤돌아보지 말고 발걸음도 경쾌하게. 만약 길이 보이지 않거든, 잠시 멈춰 서서 가능한 최선의 조언을 구하라. 방해하는 것이 나타나면 수중에 가진 것을 최대한 활용하면서 옳다고 여겨지는 것을 고수하면서 밀어붙여라. 옳은 것이야말로 우리가 달성해야 할 최고의 목표이다.

12a 매사에 로고스를 따르면 편안함과 활기, 쾌활함과 진지함을 동시에 누릴 수 있다.

13 아침에 눈을 뜨면 스스로에게 질문하라.

옳은 일을 한 너를 다른 사람들이 비난한다고 네게 달라지는 것이 있는가?

달라지는 것은 하나도 없다.

다른 사람들을 소리 높여 칭찬하거나 비난하는 사람들이 잠자거나 밥 먹을 때는 어떤 모습인지 잊었는가?

그들의 행동, 두려움, 욕망, 그들이 한 도적질과 약탈을 잊었는가? 여기서 말하는 약탈은 물리적인 것이 아니라, 그들의 내면에서 가장 고귀해야 하는 것이 저지른 약탈을 뜻한다. 이 고귀한 것은 자기가 원하면 충성, 겸손, 진리, 질서, 행복을 창조한다.

14 자연은 주기도 하고 앗아가기도 한다. 분별력 있고 겸손한 사람이라면 자연에게 이렇게 말하리라. "당신이 좋을 대로 주시고

좋을 대로 가져가세요." 반항심에서 그러는 것이 아니라, 복종하는 마음으로 선의를 가지고 그렇게 말할 것이다.

15 오직 짧은 시간만이 남았다. 마치 이 세상에 혼자인 것처럼 살아라. 여기나 거기나 아무 차이 없다. 네가 사는 도시가 바로 세상이다.

사람들이 자연의 순리에 부합하게 살아가는 사람을 보고 그것이 의미하는 바를 이해할 수 있게 하라. 그들이 도저히 그런 삶을 견딜 수 없어 하면 그 사람을 죽일 수 있게 하라. 이렇게 사느니 그러는 편이 더 낫기 때문이다.

16 어떤 사람이 선한 사람인지 떠들기만 하지 말고 그냥 그런 사람이 되어라.

17 모든 시간과 공간, 그리고 우리 주변에 있는 것들의 크기와 수명을 항상 깨닫고 있어라. 그것들은 무한한 우주에 있는 포도씨 하나일 뿐이다. 영원과 비교하면 코르크 따개를 반만 돌린 것에 불과하다.

18 늘 마음에 새겨라. 존재하는 모든 것은 이미 가장자리가 닳고 있다. 과도기에 들어가서 파편으로 분열되고 부패하고 있다.

명심하라. 모든 것은 죽기 위해 태어났다.

19 사람들은 먹고 자고 짝짓고 용변을 보는 등의 일을 할 때 어떻게 행동하는가? 높은 자리에서 명령하면서 의기양양하거나 분노하면서 고함칠 때는 또 어떠한가? 하지만 조금 전 그들이 무엇에 굴복하기로 했는지, 그 이유가 무엇인지 찬찬히 생각해 보라. 그리고 오래지 않아 다시 굴복하게 될 것들이 무엇인지도 생각해 보라.

20 자연이 주는 선물은 그 선물을 주는 시점에 우리 모두에게 필요한 것이다.

21 "땅은 비를 갈망하고, 하늘은 땅에 대한 갈망을 느낀다." 그리고 세상은 결국 존재하게 될 것을 창조하는 일을 갈망한다. 나는 세상을 향해 "그대의 갈망을 공감한다."라고 말하고 싶다.

22 다음은 다 가능성 있는 일들이다.
　1) 삶을 계속 이어가는 것(지금쯤이면 너는 삶에 이골이 났을 테다).
　2) 삶을 끝내는 것(어쨌건 삶은 네가 선택한 것이다).
　3) 죽는 것(네 의무를 다한 다음에).
　유일한 선택지는 이것들밖에 없다. 이는 네가 낙관적일 수밖에 없는 이유다.

23 늘 명심하라. "세상은 텅 빈 들판과 다름없으며" 그곳에 있는

것들은 산꼭대기나 바닷가 등 어디에 있는 것과도 같다. 플라톤이 정곡을 찔렀다. "세상은 산 위에 우리를 치고 양과 염소를 키우면서 젖을 짜는 것"이라고.

24 나의 마음은 무엇일까? 나는 마음으로 무엇을 만들고 있는가? 무엇을 하는 데 마음을 사용하고 있는가?

마음속에는 생각이 없을까?

마음은 주변으로부터 떨어져 나와 고립되어 있을까?

마음은 육신에 녹아들어 한데 뒤섞여 육신의 충동을 공유하는 것일까?

25 노예가 주인에게서 달아나면 우리는 그를 도망 노예라 부른다. 자연의 법칙도 주인과 마찬가지다. 그래서 이 법칙을 어기면 도망자가 되는 것과도 같다.

슬픔이나 분노, 공포를 느낀다면 현재나 과거, 혹은 미래에 만물의 통치자가 명한 것에서 벗어나려고 애쓰고 있는 것과 같다. 이 통치자가 법이다. 법은 우리 각자에게 일어나는 일을 모두 다스린다. 따라서 슬픔이나 분노, 공포를 느끼면 도망자가 되는 셈이다. 정의로부터 달아나는 도망자 말이다.

26 그는 정자를 남겨두고 떠난다. 그러면 그의 힘이 아니라 다른 어떤 힘이 그 정자를 가지고 작업에 착수하여 아이를 창조한다.

또 그는 목구멍 속으로 음식을 삼킨다. 그러자 그의 힘이 아닌 다른 어떤 힘이 그 음식으로 감각과 욕망, 일상의 삶, 육체적 힘, 그 외에도 많은 것을 창조한다.

이러한 것들이 조용히 진행되는 모습을 주의 깊게 살피면서 그 원동력이 무엇인지를 파악하라. 물건을 밀고 끌어당기는 힘을 눈으로 확인하듯 말이다. 다만, 눈으로 직접 보는 것이 아니라 눈으로 보는 것만큼 뚜렷하게 파악하라는 뜻이다.

27 늘 기억하라. 이 모든 것은 예전에도 일어났으며, 앞으로도 또다시 일어날 것이다. 처음부터 끝까지 똑같은 줄거리, 똑같은 무대가 늘 반복된다. 네가 경험한 대로 또는 역사책을 통해 알고 있는 대로 과거 궁전의 모습을 마음속에 그려보라. 하드리아누스와 안토니누스의 궁전, 필리포스, 알렉산드로스, 크로이소스의 궁전. 모두 한결같이 똑같다. 단지 사람들만 다를 뿐이다.

28 기분 상해서 분개하는 사람들을 보면 제물로 바쳐질 돼지가 온 힘을 다해 발버둥치며 비명 지르는 것과 같다고 생각해라.

홀로 침대에 누워 사슬에 묶여 있는 자기 모습에 말없이 슬퍼하는 사람도 마찬가지다.

복종은 모두가 해야 한다. 다만 자발적으로 그렇게 할 수 있는 것은 이성적 존재뿐이다.

29 하던 일을 잠시 멈추고 스스로에게 질문하라. 내가 죽음을 두려워하는 이유가 더는 이것을 할 수 없기 때문인가?

30 사람들이 나쁜 행동을 하는 것을 보게 되거든, 그냥 돌아서서 과연 너는 언제 그런 행동을 했는지 자문해보라. 돈이나 쾌락, 사회적 지위를 선한 것으로 여겼던 적이 언제인지 되돌아보라. 그러다 보면 그들이 어쩔 수 없이 그렇게 행동했다는 사실을 깨닫게 되고, 그러면 금세 화가 누그러질 것이다.

아니면, 할 수만 있다면 그런 어쩔 수 없는 상황을 네가 직접 제거해주도록 하라.

31 사튀론을 보면서 소크라테스나 에우티케스, 휘멘을 생각하라.

에우프라테스를 보면서는 에우티키온이나 실바누스를 생각하라.

알키프론을 보면 트로파이오포로스를 생각하라.

크세노폰을 보면 크리토나 세베루스를 생각하라.

너 자신을 보면서는 황제들 가운데 아무나 떠올려 보라.

마찬가지로 다른 누구를 보더라도 이와 똑같이 해라. 그러면 머릿속에 떠오르는 의문이 있을 것이다. 지금 그들은 모두 어디에 있을까?

어디에도 없거나, 누구도 모르는 어딘가에 있을 것이다.

이런 식으로 생각하면 인생의 본 모습이 연기이자, 무無라는 것을 깨닫게 된다. 특히 다음과 같은 사실을 기억해낼 때 더 잘 알게 된다. 만물은 일단 변화하면 장차 다가올 끝없는 시간을 거치는 내내 사라진다는 사실을.

그렇다면 왜 이토록 혼란스러워하는가? 너의 짧은 삶을 올바로 사는 것만으로는 충분하지 않은가?

문제는 네가 원료를, 즉 기회를 놓치고 있다는 것이다. 수련할 기회 말이다. 정확하고 과학적으로 관찰한 삶 속에서 네 로고스를 수련할 기회 말이다.

그러므로 완전히 소화될 때까지 계속 수련하라. 튼튼한 위장이 무엇을 먹든 다 소화해내듯. 활활 타오르는 불이 그 속으로 무엇을 던지든 다 집어삼켜서 불과 불꽃을 만들어내듯.

32 누구도 네가 단도직입적이거나 정직한 사람이 아니라고 사실대로 말할 수는 없다. 그렇게 생각하는 사람은 거짓을 믿는 것이다. 책임은 전적으로 너에게 있다. 누구도 네가 정직하거나 단도직입적인 사람이 되는 것을 막을 수 없기 때문이다. 간단히 결심하기만 하면 된다. 정직하거나 솔직하지 않으면 계속 살지 않겠다고. 정직하지 않은 삶은 로고스에 반하는 것이 될 테니.

33 우리를 이루고 있는 재료를 고려할 때, 우리가 할 수 있는 가장 분별력 있는 말과 행동은 무엇일까? 하지만 그 재료가 무엇이건, 우리는 얼마든지 분별력 있게 말하거나 행동할 수 있다. 그러

니 우리 앞을 가로막을 수 있는 것이 있는 것처럼 굴지 말라.

너는 쾌락주의자가 방종을 통해 느끼는 것과 똑같은 쾌락을 느끼기 전까지는 결코 불평을 멈추지 않을 것이다. 타고난 환경이나 우연한 환경이 허락하는 범위 안에서 인간다운 일만 해서 즐거움을 느껴야 불평을 멈출 것이다. '낙樂'이란, 가능한 한 자신의 본성대로 실컷 한다는 것을 의미한다. 너는 어디서든 얼마든지 그렇게 할 수 있다. 그런데 이 같은 낙을 누리는 특권은(자기 행동을 결정할 특권은) 원통형 기둥에는 주어지지 않는다. 물이나 불처럼 자연이 단독으로 지배하거나 비이성적 영혼이 지배하는 것들도 마찬가지이다. 이런 것들은 그들의 앞길을 가로막거나 방해하는 것이 너무 많다. 하지만 지력과 로고스는 앞을 가로막는 것이 무엇이건 가던 길을 끝까지 갈 수 있다. 타고난 능력 또는 순전히 의지력으로 말이다. 게다가 이들이 얼마나 손쉽게 그렇게 하는지에(매사에 로고스가 얼마나 쉽게 헤쳐 나가면서 일을 완수하는지에) 주목하라. 불길이 쉽사리 위쪽을 향하고, 돌이 쉽게 땅으로 떨어지고, 원통형 기둥이 경사면 아래로 편하게 굴러가듯 말이다.

너에게 필요한 것은 이것이 전부다. 다른 장애물들은 모두 생명 없는 육신에나 영향을 끼치거나, 아니면 잘못 인식하거나 로고스가 자발적으로 굴복하지 않는 한 어떤 것도 흔들거나 해칠 힘이 없기 때문이다. 그렇지 않으면 장애물들의 방해를 받는 사람들은 그 즉시 격이 떨어질 것이다. 다른 독립체들의 경우, 나쁜 일이 생기면 그들에게 악영향을 끼친다. 반면, (이렇게 표현해도 된다면) 사람은 나쁜 일을 겪으면 발전하고, 우리는 그 사람이 마땅하게 반응했다며 그 모습을 높이 평가한다.

그리고 한 가지 더 명심해라. 자연의 시민을 해칠 수 있는 것은 아무것도 없다. 다만, 그가 속한 도시를 해칠 수 있는 것이라면 그 시민도 해칠 수 있다. 마찬가지로, 이 도시를 해칠 수 있는 것은 아무것도 없다. 다만, 이 도시의 법을 해치는 것은 그 도시도 해칠 수 있다. 그런데 이런 일을 벌일 수 있는 이른바 불운이라는 것은 존재하지 않는다. 법이 안전한 한, 도시도 안전하며, 더 나아가 시민도 안전하다.

34 네가 진리의 원칙에 몰입한 상태라면 아무리 짧고 우연한 글귀로도 모든 두려움과 고통을 충분히 몰아낼 수 있다.

잎사귀들은 바람에 날려 땅으로 떨어지네.
세대에 세대를 거치는 사람들도 이와 마찬가지라네.

너의 자손들이 바로 잎사귀들인 셈이다.
잎사귀들은 충성스럽게 갈채를 보내며 너를 칭송하거나, 아니면 너를 등지고 저주하면서 멀찍이 떨어져서 비웃고 조롱한다.
영광스러운 명성은 잎사귀들과 같은 자손들에게 대물림된다.
모든 잎사귀는 '봄날에 솟아난다.' 그러다 바람이 불면 모두 날아가 버린다. 그러면 나무는 이들을 대신할 다른 잎사귀들을 싹 틔운다.

우리 가운데 그 누구에게도 시간은 많지 않다. 그런데도 너는 마치 만물이 영원하기라도 한 것처럼 행동한다. 그것들을 두려워하고 갈망하면서.

암흑은 멀지 않다. 너를 땅속에 묻는 사람이 누가 되건 그들도 애도의 대상이 되는 차례가 온다.

35 두 눈이 건강하다면 눈에 보이는 것은 다 봐야 하며, "안돼! 너무 밝아!"라고 해서는 안 된다(이렇게 말하면 눈이 병든 것이다).

청각이나 후각이 건강하다면 어떤 소리나 어떤 향기도 느낄 수 있어야 한다. 마찬가지로 위가 건강하다면 가리는 것 없이 모든 음식에 똑같이 반응해야 한다. 맷돌이 무엇이건 똑같이 다 갈아버리듯.

이와 마찬가지로 마음이 건강하다면 무엇이건 다 대비가 되어 있어야 한다. "우리 아이들은 괜찮나?" "모두가 나를 인정해야 해."라는 말만 하는 사람은 옅은 색만 견딜 수 있는 눈과 같고 곤죽만 씹을 수 있는 치아와 다를 바 없다.

36 네가 얼마나 선한 삶을 살았는지는 중요치 않다. 그와 상관없이 너의 죽음이라는 슬픈 사건을 반길 사람들은 언제나 침대 곁에 있을 테니.

지적이고 선한 사람들조차도 그렇다. "드디어! 이 늙은 학교 선생과는 끝이군. 아무 말 하지 않았어도 그가 널 평가한다는 것은 항상 느껴졌을걸." 누군가는 이런 생각을 하지 않겠는가? 그나마 이것은 선한 사람의 경우다. 너는 많은 사람에게 너에게서 벗어난다는 기쁨을 안겨줄 만한 특징을 얼마나 많이 가지고 있는가?

때가 되면 그러한 사실을 기억하라. 만약 네가 다음과 같은 생각을 할 수 있으면 세상을 떠나기가 덜 망설여질 것이다. "내가 하직하려는 삶은 이런 모습이다. 나는 그토록 많은 시간을 내 주변 사람들을 위해 싸우고, 기도하고, 마음을 썼지만, 이 사람들조차도 내가 사라지기를 바란다. 그렇게 되면 그들의 삶이 더 편해지리라 희망하면서. 누구든 이런 곳에서 어떻게 더 오래 머물 수 있겠는가?"

그렇다고 그 사람들에게 화난 상태로 세상을 떠나지는 말라. 다정하고 동정심 있고 친절한 너의 본모습에 충실하라. 삶에서 찢겨나가기라도 하는 것처럼 느끼지 말라. 그 대신, 평화로이 눈감는 사람의 몸에서 영혼이 빠져나가듯, 너도 그런 식으로 주변 사람들을 떠나야만 한다. 너를 그들과 묶어준 것은 자연이었다. 이제 자연은 너를 묶었던 매듭을 풀어주려 하는 것이다.

나는 내 주변 사람들에게서 풀려났다. 내 의지에 반해서 끌려온 것이 아니라 저항하지 않은 것이다.

세상에는 자연의 순리라고 하는 것이 있다. 그 가운데 하나가 죽음이다.

37 사람들이 하는 모든 행동에 의문을 가지는 법을 배워라. "왜 그렇게들 하는 거지?"

다만 너의 행동에 대한 의문부터 품기 시작하라.

38 명심하라. 막후에서 영향력을 행사하는 것은 우리 안에 숨어 있는 내면이다. 그것이 곧 말이자, 삶이자, 그 사람이다. 그 나머지는 내면의 일부로 생각하지 말라. 내면을 담고 있는 피부와 그에 수반되는 장기들 말이다. 이런 것들은 도구다. 목수가 쓰는 도끼와 같지만, 태어날 때부터 우리에게 붙어 있다는 점이 다르다. 이들 도구는 이들을 움직이고 붙잡는 것이 없다면 방직공 없는 북이나 작가 없는 연필, 마부 없는 채찍보다 더 쓸모없다.

제11권

1 이성적 영혼의 특징은 스스로를 지각하고 자성하며, 자기가 원하는 대로 자기 자신을 만드는 힘을 지닌다는 것이다.

이성적 영혼은 자기 수확물을 스스로 거두어들인다. 이는 다른 사람들의 손으로 수확되는 식물과 다른 점이다(방식은 다르지만, 동물도 다른 사람들의 손을 거치기는 마찬가지다).

이성적 영혼은 그의 삶에 한계가 어디까지 설정되어 있건 자신이 의도한 목표를 달성한다. 춤이나 연극 같은 것들과는 확연히 다르다. 이런 공연은 도중에 중단되면 거기서 미완의 상태로 남는다. 하지만 이성적 영혼은 어느 시점에서도 자신의 임무를 완수하고 자기가 할 일을 완전하게 수행한다. 그래서 "내가 세상에 태어난 목적을 달성했노라."라고 말할 수 있다.

이성적 영혼은 세상과 그 세상을 둘러싼 텅 빈 우주와 세상이 어떻게 합쳐서 만들어졌는지를 탐색한다. 또한 세상에서 주기적으로 반복되는 탄생과 재탄생에 대한 이해를 넓히기 위해 시간의 무한함을 깊이 파고든다. 이성적 영혼은 알고 있다. 우리 후손들도 지금 우리 눈에 보이는 것과 다른 것을 보지는 않을 것이며, 우리 조상들도 우리보다 더 많은 것을 보지 않았다는 사실을. 또한 멀쩡한 눈을 가지고 40년이라는 세월을 산 사람이라면 똑같은 모습을 한 과거와 미래를 이미 모두 보았다는 것을.

이성적 영혼의 특징은 또 있다.

이웃에 대한 애정, 진실성, 겸손, 자기 자신과 우열을 따지면서 어떤 것도 차별하지 않는 것(이것은 법의 특징이기도 하다) 등이다. 이 점에서는 이성의 로고스와 정의의 로고스 사이에 차이가 없다.

2 어여쁜 노래와 춤, 무술에 무덤덤해지는 법 : 멜로디를 음표로 쪼개어 분석한 뒤, 하나하나 따로 떼어 들으면서 스스로에게 물어라. 이렇게 쪼개어 놓은 것 앞에서 나는 무기력한가? 이렇게 하는 것만으로도 너는 단념하게 될 것이다.

춤도 마찬가지다. 개개의 동작과 장면으로 나누어라. 무술도 똑같다.

모든 것이 다 마찬가지다. 다만 미덕과 미덕에서 나온 것은 예외다. 개별 부분에 주목한 다음, 분석 단계를 지나 무관심의 단계로 넘어가라.

이 방식을 전반적인 삶에 적용해라.

3 결연한 영혼은 단호히 육신에서 분리되어 해체되거나 파편화되고자 한다. 혹은 지속되고자 한다.

하지만 이런 결심은 자기 스스로 내린 결정의 결과여야 한다. 단지 외부의 힘에 대응한 결과여서는 안 된다. 이런 결심은 깊이 생각한 끝에 나온 진지한 것이어야 하며, 다른 사람들에게도 설득력 있어야 한다. 그러면서도 과장되지 않아야 한다.

4 과연 나는 공동선을 위해 무언가를 한 적이 있는가? 그랬다면 나도 그 이익을 공유하고 있을 것이다.

앞으로도 여기에 초점을 맞추어라. 절대 포기하지 말라.

5 "당신이 해야 할 일은?" "선량하게 사는 것이다." 그러나 세상과 사람의 본성에 대해 생각하지 않으면서 어찌 이 일을 해낼 수 있을까?

6 비극은 우리에게 어떤 일이 일어날 수 있는지를, 그리고 그런 일은 불가피하게 일어난다는 것을 상기시켜준다. 또한 비극의 무대에서 우리를 즐겁게 해주는 것이라면 세상이라는 무대에서도 우리를 화나게 만들지 않는다고 다시금 알려준다. 그러면 우리는 이런 것들은 우리 모두가 헤쳐 나가야 하는 일임을 깨닫게 된다. 큰 소리로 "오, 키타이론산이여!"라고 외치는 사람들조차도 참고 견뎌야 하는 일임을 알게 된다. 비극에는 몇몇 뛰어난 대사도

있다. 가령, 다음과 같은 대사들이다.

> "만약 나와 내 두 자식이 신들의 마음을 움직이지 못한다면
> 틀림없이 신들에게는 그만한 이유가 있을 것이다."
> "대체 왜 우리가 세상에 분노해야 하는가?"
> "꼿꼿이 서 있는 곡식 줄기를 수확하듯 삶을 추수하라."

비극 다음으로는 고대 희극을 살펴보자. 고대 희극은 허세를 없애기 위해 기획된 솔직하고 꾸밈없는 화법 속에 교훈을 담고 있다. (디오게네스도 비슷한 목적으로 이와 똑같은 전략을 사용했다.)

그다음으로는 중세 희극과 그 이후에는 근대 희극을 고찰하면서 이것이 무엇을 겨냥했는지를 살펴보자. 중세 희극은 점차 퇴화해서 한낱 사실주의와 공허한 기법으로 변질되었다. 그래도 중세 희극 작품들 가운데에도 훌륭한 구절들이 있다는 것은 부정할 수 없다. 하지만 대본 면에서나 연출 면에서나 중세 희극이 말하고자 하는 의미는 무엇이었을까?

7　이것은 명약관화한 사실이다. 네가 바로 지금 맡게 된 역할만큼 철학에 적합한 역할은 없다.

8　나뭇가지는 옆 가지에서 잘려 나감과 동시에 전체 나무에서도 잘려 나가게 된다. 사람도 마찬가지다. 다른 사람과 떨어지게

되면 전체 공동체에서도 벗어나게 된다.

나뭇가지는 다른 누군가에 의해 잘려 나가는 반면, 사람들은 증오함으로써, 거부함으로써 스스로 잘려 나간다. 그리고는 깨닫지 못한다. 자기가 전체 도시 공동체에서 스스로 떨어져 나오고 있다는 사실을.

다만 우리에게는 이 공동체를 세운 제우스신이 선사한 재능이 하나 있다. 떨어져 나왔던 자신을 다시 붙여서 다시 한번 전체를 이루는 구성요소가 될 수 있는 것이다.

하지만 단절이 너무 자주 반복되면 끊어진 부분을 다시 연결해서 회복하기가 힘들어진다. 나무를 보면 차이가 극명히 드러난다. 처음부터 나무에 붙어 있으면서 잘 자란 나뭇가지와 잘린 다음 다시 접목된 나뭇가지는 완전히 다르다.

이를 두고 정원사들은 이렇게 표현한다.

"하나의 몸통, 두 개의 마음."

9 네가 로고스 안에서 앞으로 나아갈 때, 사람들은 너의 길목을 막아설 것이다. 하지만 그들은 네가 건전한 일을 하지 못하게 막을 수는 없다. 그러므로 그들이 함부로 너를 막아서서 그들을 견뎌내지 못하게 만들도록 놔두지 말라. 두 가지 면을 유의하라. 단지 건전한 판단과 단호한 행동만 할 것이 아니라 관용도 베풀어야 한다. 우리를 방해하려 애쓰거나 다른 방식으로 우리를 곤란하게 만드는 사람들에게 말이다.

분노는 무너져 내려서 싸움을 포기하는 것만큼이나 나약함을 드러내는 것이기 때문이다. 탈출해서 달아나는 사람이나 스스로 동료들로부터 소외되는 사람은 둘 다 탈영병인 셈이다.

10 인공적인 것이 자연적인 것보다 우월할 수는 없다. 기술이 자연을 모방하는 것이지, 자연이 기술을 모방하는 것이 아니다. 이 경우, 가장 고도로 발전한 포괄적인 자연이 솜씨를 발휘하는 재주가 부족할 수는 없다.

모든 기술은 낮은 목표에서 높은 목표로 움직인다. 자연도 그렇게 하지 않을까?

그러므로 정의가 답이다. 정의는 다른 모든 미덕의 원천이다. 우리가 중요하지 않은 것에 정신이 팔린다면, 우리가 순진하고 어수룩하고 한결같지 않다면 어떻게 정의가 요구하는 대로 할 수 있겠는가?

11 네가 이처럼 혼란스러운 소용돌이 속에 빠지는 이유는 이런 것들을 추구하고 저런 것들을 피하려 하기 때문이다. 하지만 그것들은 너를 찾지 않는다. 그것들을 찾는 것은 바로 너다.

그것들에 관한 판단을 잠시 유보해라. 그 즉시 그것들은 가만히 누워서 움직이지 않을 것이다. 그러면 너는 도주하거나 추구하는 일에서 자유로워질 수 있다.

12 영혼은 평형 상태에 있는 구와 같다. 그 너머에 있는 것들을 붙잡으려 하지도, 안으로 후퇴하지도 않는다. 밖으로 산산이 부서지지도, 자기 위로 털썩 주저앉지도 않는다. 그 대신, 밝게 빛나면서 안팎으로 진리를 주시한다.

13 누군가가 나를 경멸한다면 그것은 그 사람의 문제다.

내가 할 일은 비열한 행동이나 말을 하지 않는 것이다.

누군가가 나를 증오한다면 마찬가지로 그의 문제다.

내가 할 일은 그 사람들을 포함한 모든 사람을 인내하며 명랑하게 지내는 것이다. 그들이 실수하면 기꺼이 알려줘라. 다만, 악의적이지 않아야 한다. 나의 자제력을 과시해서도 안 된다. 그저 정직하고 올곧은 방식으로 보여줘야 한다. 바로 이것이 우리 내면의 모습이어야 한다. 우리가 화가 나 분을 삭이지 못하는 모습을 신들에게 보여서는 안 된다.

네가 자신의 본성에 맞는 일을 하면서 세상의 본성이 비축하고 있는 것을 받아들이는 한(네가 어떻게 해서든 다른 사람들의 이익을 위해 일하는 한), 과연 무엇이 너를 해할 수 있겠는가?

14 사람들은 경멸을 넘어 서로에게 아첨한다. 서로 통치하고 싶은 욕망 때문에 그들은 머리를 조아리며 굽신거린다.

15 "자, 들어보시오. 내 당신에게 다 솔직히 말할 테니."라고 말하

는 사람들은 비열하게 거짓말하는 것이다. 대체 이게 무슨 뜻인가? 이 말은 할 필요조차 없는 말이다. 이마에 굵은 글씨로 적혀 있는 것처럼 누가 봐도 알 수 있기 때문이다. 목소리를 듣고도 알 수 있고, 눈으로 보고도 알 수 있다. 안색만 보고도 한눈에 전후 사정을 다 파악하는 연인처럼 말이다. 단도직입적이고 정직한 사람은 고약한 냄새를 풍기는 사람과 같다. 그런 사람과 한방에 있으면 금세 알 수 있다. 반면 거짓된 솔직함은 등에 칼을 꽂는 것과 같다.

거짓된 우정은 최악이다. 그러니 어떤 대가를 치르더라도 반드시 피하라. 정직하고 솔직하며 선의를 지니고 있다면 두 눈에 다 드러나는 법이다. 틀림없다.

16 우리에게는 선한 삶을 살 잠재력이 있다. 아무것도 달라지게 만들지 않는 것에 무관심해지는 법만 배우면 된다. 그렇다면 어떻게 해야 배울 수 있을까? 먼저, 각각의 것을 볼 때 전체도 보고 전체를 이루는 부분들도 봐야 한다. 또한 이들 가운데 어느 것도 우리에게 어떻게 지각하라고 지시할 수 없다는 사실도 명심해야 한다. 이들은 우리 일에 관여하지 않는다. 그냥 우리 눈앞에 움직이지 않고 머물러 있다. 이들을 우리 마음속에 새겨서 판단을 생성해내는 것은 바로 우리다. 그러나 우리는 그럴 필요가 없다. 우리 마음을 그냥 백지상태로 남겨두면 된다. 그러다가 자국이 하나 생기면 즉시 지워버려라.

명심해라. 짧은 주의력만 있으면 된다. 그러면 우리 삶은 끝날 것이다.

그런데 상황이 너에게 불리하게 전개되면 왜 그리 힘든 걸까? 본성이 부과한 일이라면 기쁘게 받아들이고 맞서 싸우기를 멈춰라. 그렇지 않다면 네 본성이 무엇을 요구하는지 알아내서 그것을 목표로 삼아라. 그런다고 너에게 아무런 영광도 돌아오지 않는다고 할지라도.

세상에 자신의 이익을 추구하지 못하도록 금지당한 사람은 아무도 없다.

17 유념하라. 모든 것 하나하나의 근원과 실체를. 그것이 무엇으로 변하는지, 변화했을 때 어떤 모습인지를. 그리고 아무것도 그것을 해칠 수 없다는 사실을.

18 1) 나와 다른 사람들은 서로를 위해 세상에 태어났다. 또 다른 시각에서 보면 내가 세상에 태어난 목적은 그들의 수호자가 되기 위해서다. 양떼를 지키는 숫양과 소떼를 지키는 황소처럼 말이다.

다음과 같은 출발선상에서 시작하라. 세상이 원자로 이루어진 것이 아니라면 모든 것을 총괄하는 자연이 존재한다. 이 경우, 열등한 것들은 우월한 것들을 위해, 우월한 것들은 서로를 위해 존재한다.

2) 사람들은 음식을 먹거나 잠을 자는 등의 일을 할 때 어떤 모습인가. 사람들은 그들의 신념에 따라 어떻게 움직이는가. 사람들은 그들이 하는 일에 자부심을 얼마나 느끼는가.

3) 사람들이 이렇게 하는 것이 옳다면 네게는 불평할 권리가 없다. 만약 사람들이 하는 행동이 옳지 않다면 그들은 몰라서 의도치 않게 그렇게 하는 것이다. 왜냐면 모든 영혼은 본의 아니게 다른 사람들을 합당히 대하지 못하게 되어 있기 때문이다. 그들이 의도치 않게 진리로부터 멀리 떨어져 있는 것처럼 말이다. 그래서 사람들은 의롭지 않다거나 오만하다거나 탐욕스럽다는 소리를 들으면 분노한다.

4) 너도 충분히 많은 실수를 저질렀다. 너도 그들과 똑같다.

몇몇 실수는 피했다 하더라도, 네게는 많은 실수를 저지를 잠재력이 있다. 소심함 덕분에 많은 실수를 하지 않았다 하더라도, 혹은 다른 사람들이 뭐라 할지 두려운 마음에, 또는 이와 비슷한 불순한 이유로 인해 많은 실수를 저지르지 않았더라도 말이다.

5) 실수가 맞는지 아닌지 네가 확실히 알 수는 없다. 많은 것들이 다른 목적을 이루기 위한 수단이기 때문이다. 다른 사람들의 행동을 진정으로 파악해서 판단하려면 그 전에 먼저 아주 많은 것을 알아야만 한다.

6) 이성을 잃거나 심지어 짜증이 난다면 인생이 무척이나 짧다는 사실을 기억하라. 머지않아 우리 모두 사이좋게 나란히 묻히게 될 것이다.

7) 우리를 괴롭히는 것은 사람들이 하는 행동이 아니다. 그들의 행동은 그들의 마음의 문제이지 우리 문제는 아니다. 우리가 잘못 생각하는 것이다. 그러니 그런 생각은 버려라. 이것이 재난이라는 생각을 기꺼이 버린다면 화는 사라질 것이다. 그러려면 어떻게 해야 할까? 그들의 행동으로 인해 아무런 치욕도 겪지 않았다는 사실을 깨달으면 된다. 만약 치욕 외에도 너에게 상처를 줄 수 있는 것이 있다면 너는 수많은 죄를 저지를 수밖에 없다. 도둑이 되거나 하늘만이 알 수 있는 다른 범죄자가 될 수밖에 없다.

8) 분노와 슬픔은 그런 감정을 초래한 상황보다 그 감정 자체로 얼마나 더 큰 피해를 주는가.

9) 친절함이야말로 누구도 꺾을 수 없는 천하무적의 무기이다. 다만 빈정대거나 연기하는 것이 아니라 진심으로 친절해야한다. 세상에서 가장 사악한 사람이라도 어쩔 도리가 없다. 그에게 늘 친절히 대하고, 그의 잘못된 점을 상냥하게 바로잡아주고, 그가 해코지하려는 바로 그 순간에 유쾌하게 그를 교화한다면 말이다. "아니, 안 된다네, 친구. 우리는 그러려고 태어난 게 아니라네. 그러면 해를 입는 것은 내가 아니라 자네일세." 그러면서 손가락질하지 말고 상냥하게 알려줘라. 벌처럼 공동체 의식이 있는 동물은 그렇게 행동하지 않는다는 것을 가르쳐줘라. 이때 냉소적이거나 비열하게 굴지 말고, 마음속에 한 점의 혐오감 없이 애정을 담아 알려주어야 한다. 권위적으로 말하거나 제삼자에게 좋은 인상을 주려고 하지 말고 직설적으로 이야기해야 한다. 주변

에 다른 사람들이 있더라도 말이다.

위의 9가지 사항을 아홉 뮤즈가 주는 선물인 양 마음속 깊이 새겨서, 참사람이 되는 여정을 시작하라. 지금부터 너의 삶이 다할 때까지.

또한 다른 사람들에게 화를 내지 말아야 할 뿐만 아니라, 나쁜 짓을 방조해서도 안 된다. 둘 다 이기심의 발로이기 때문이다. 둘 다 너에게 해가 되기 때문이다. 이성을 잃기 시작한다고 느껴지면 명심하라. 불같이 화를 낸다고 남자다워 보이는 것이 아님을. 인간다움과 남자다움을 규정하는 것은 정중함과 친절함이다. 용기와 대범함과 배짱이 있어야지, 화내면서 투덜거려서는 안 된다. 이렇게 반응하면 점점 무심해지면서 결국에는 힘 있는 사람이 된다. 고통은 힘의 반대이며, 분노도 마찬가지다. 우리를 괴롭혀서 굴복시키는 것이 바로 고통과 분노, 이 두 가지다.

마지막으로, 흔히 아홉 뮤즈를 거느리는 것으로 묘사되는 아폴론에게서 배운 교훈이 하나 더 있다.

나쁜 사람들이 다른 사람들을 해치지 않으리라 기대하는 것은 미친 짓이다. 이는 불가능한 일을 요구하는 것과 같다. 게다가 그자들이 다른 사람들에게는 그렇게 행동하도록 내버려 두면서 나만 예외로 해주기를 기대한다면 이는 오만한 것이다. 이는 폭군이나 하는 행동이다.

19 생각할 때 조심해야 할 4가지 습관이 있다. 이들 습관이 포착

되면 마음속에서 지워버려야 한다. 그럴 때면 다음과 같이 스스로에게 말해라.

이런 생각은 필요 없는 생각이야.

이런 생각은 네 주변 사람들을 망가뜨리는 해로운 생각이야.

이것은 진짜 네 생각이 아닐 거야(말하자면 네 생각이 아니라는 것이다. 이는 모순의 정의에 해당한다).

우리가 자아비판을 해야 하는 네 번째 이유는 무엇일까? 우리 안에 있는 신성한 부분이 격이 낮은 필멸의 부분(육신과 육신의 어리석은 방종)에게 패하여 장악되었기 때문이다.

20 너의 내면에 담겨 있는 불과 너의 정신은 본성에 따라 위쪽으로 끌린다. 하지만 세상의 설계에 순응하여 여기 아래로 뒤섞이기로 한다. 반면 네 안에 있는 흙과 물이라는 요소들은 본성에 따라 아래쪽으로 끌린다. 하지만 어쩔 수 없이 위로 올라가서 제자리가 아닌 자리를 차지하고 있다. 이렇듯 원소들조차 세상에 순종하여 떠나라는 신호가 올 때까지 자기 자리를 지키며 일한다.

그런데 왜 너의 지력만이 유일한 반대자가 되려 하는가? 왜 자기 지위에 대해 불평하는 유일한 존재가 되려 하는가? 너의 지력에 무언가 강요되지도 않는데도 말이다. 지력은 그저 자연의 본성이 요구하는 대로 하기만 하면 된다. 그런데도 지력은 이를 따르기를 거부하며 반대 방향으로 출발한다. 잘못과 방종, 분노와 두려움과 고통에 끌리는 것은 자연에 반기를 드는 것이다. 무슨 일이 일어나건 마음이 불평을 늘어놓는다면 이는 마음이 자기 자리를 이탈하는 셈이다. 마음은 의롭게 행동하는 것만큼이나 신에 대한 존경을 보여주도록 창조되었다. 이것 역시 공존의 한 요소이자 정의의 전제 조건이다.

21 "일관된 삶의 목표가 없다면 삶을 일관되게 살 수 없다."

목표를 명시하지 않는 한, 이 말은 도움이 되지 않는다.

사람들이 선하다고 여기는 모든 것들에 대한 공통된 기준은 존재하지 않는다. 다만, 몇 가지 예외가 있다. 우리 모두에게 영향을 주는 것들에 대해서는 공통된 기준이 있다. 따라서 목표는 공동의 목표, 즉 공민적 목표여야 한다. 모든 에너지를 이 목표를 향해 결집한다면 너는 일관성 있게 행동하게 된다. 그러면 너도 일관된 사람이 된다.

22 도시 쥐와 시골 쥐의 우화를 기억하라. 도시 쥐의 고충과 불안을 잊지 말라.

23 소크라테스는 대중적인 믿음을 '침대 밑에 사는 괴물'이라고 불렀다. 이런 괴물은 어린아이들을 놀라게 하는 것 말고는 아무 쓸모도 없다.

24 축제가 열리면 스파르타 사람들은 그늘이 드리운 자리는 손

님들에게 주고 그들은 아무 데나 앉았다.

25 소크라테스는 (보답할 수 없는 호의를 받아들임으로써) '천 번을 죽는 것처럼 극한 고통을 겪지 않으려고' 페르디카스의 초대를 사양했다.

26 에피쿠로스는 이런 조언을 글로 남겼다.

"덕이 높은 고결한 삶을 살았던 옛날 사람들 가운데 한 사람을 마음에 두고 늘 생각하라."

27 피타고라스 학파에서는 동틀녘에 별들을 바라보라고 한다. 별들이 그들에게 주어진 임무를 어떻게 완수하는지 되뇌라고 한다. 그들은 항상 똑같은 임무를 똑같은 식으로 수행한다. 그리고 그들의 질서정연함과 순수성, 있는 그대로의 모습을 기억하라고 한다. 별들은 아무런 숨김이 없다.

28 크산티페가 소크라테스의 망토를 입고 외출하자, 소크라테스는 수건을 몸에 걸치고 나왔다. 그의 친구들이 그런 그의 모습을 보고는 당황해서 그를 피하자, 소크라테스가 그들에게 어떤 말을 했는지 생각해 보라.

29 읽기와 쓰기에 통달하려면 스승이 필요하다. 하물며 인생은

어떻겠는가.

30 "노예라서 너에게는 로고스에 대한 권리가 없다."

31 "하지만 내 마음이 기뻤다."

32 "그들의 놀림과 조롱으로 미덕에 야유를 보내라."

33 어리석음은 한겨울에 무화과가 열리기를 기대하거나 늦은 나이에 어린아이가 생기기를 기대하는 것과도 같다.

34 에픽테토스가 말했다.

"아들에게 잘 자라며 입맞춤하면서 '아침이 밝으면 이 아이가 죽어 있을지도 몰라.'라고 속으로 속삭여라."

그러면 너는 이렇게 말할 것이다. 운명을 시험하지 말라.

그러나 이것은 어디까지나 자연의 순리에 부합하는 사건이 아닌가? 곡식 수확에 관해 이야기한다고 운명을 시험하는 것은 아니지 않은가?

35 포도는 설익은 상태에서 익은 상태로, 그런 다음에는 건포도로 변한다.

이렇듯 끊임없는 변천이 이어진다.

'아니다'가 아니라, '아직은 아니다'이다.

36 "자유의지를 도둑맞았다는 신고가 접수된 적은 없다."

37 "우리는 묵인하는 기술에 통달해야 한다. 또한 우리가 느끼는 충동들에 유의해야 한다. 이런 충동들을 반드시 누그러뜨려서 다른 사람들에게 이롭게 하고, 우리에게 적합하게 만들어야 한다. 우리는 어떤 형태의 욕망이건 가까이 다가가지 말아야 한다. 그리고 우리 통제력 밖의 것은 피하려고 애쓸 필요가 없다."

38 에픽테토스가 말했다.
"이것은 하찮은 문제가 아니라 분별력을 논하는 자리다."

39 소크라테스가 말했다.
"그대가 원하는 것은 무엇인가? 이성적 마음인가, 아니면 비이성적 마음인가?"
"이성적 마음입니다."
"건강한 마음을 원하는가, 병든 마음을 원하는가?"
"건강한 마음입니다."
"그러면 그런 마음을 얻기 위해 노력해라."
"이미 가지고 있습니다."
"그렇다면 왜 이리 옥신각신하는 것인가?"

제12권

1 네가 멀리 돌아서 애써 도달하려는 곳에는 지금 당장 이 순간에도 얼마든지 도달할 수 있다. 네가 시도하는 일에 스스로 훼방만 놓지 않는다면 말이다. 과거는 내려놓고, 미래는 신의 섭리에 맡긴 채, 현재만 추앙과 정의의 길로 인도하면 된다.

추앙의 길을 따르면 너는 네게 주어진 몫을 받아들이게 될 것이다. 자연이 너를 위해 네 몫을, 네 몫을 위해 너를 마련해두었기 때문이다.

정의의 길을 따르면 너는 얼버무리는 일 없이 솔직하게 진리를 말하게 될 것이다. 또한 마땅히 네가 해야 할 행동을 하고, 다른 사람들에게도 응당한 대우를 하게 될 것이다.

어떤 일이 있어도 단념하지 말라. 다른 사람들의 잘못된 행동, 너 자신의 잘못된 인식, 사람들의 평가, 네 겉을 포장하고 있는 육신이 느끼는 감정 등이 걸림돌이 되어서는 안 된다(육신 가운데 영향을 받은 부분이 알아서 그 감정을 보살피게 해라). 그러다가 세상을 하직할 때가 되면 네 마음과 네 안에 있는 신성을 제외한 다른 모든 것은 옆으로 제쳐놓아라. 삶이 멈추는 것을 두려워하지 말고, 올바른 삶을 시작하지 못한 것을 두려워하라. 그러면 너는 너를 낳아준 세상에 어울리는 사람이 될 것이다.

더는 네 땅에서 이방인으로 살지 않을 것이며, 마치 전대미문의 일탈이라도 일어난 듯, 매일 일어나는 사건에 충격받는 일도 없게 될 것이다.

또한 이런저런 일에 휘둘리는 일도 더는 없을 것이다.

2 신의 눈에는 우리 모두의 영혼이 육체라는 그릇에서 벗어난 모습으로, 껍데기가 깨끗이 벗겨진 모습으로, 때를 깨끗이 씻은 모습으로 보인다. 신은 그에게서 우리 영혼으로 쏟아부은 것이 무엇인지 오로지 그의 지성만으로 파악한다. 만일 너도 이 방법을 배우게 되면 아주 많은 고충을 피할 수 있을 것이다. 너를 둘러싸고 있는 육신을 꿰뚫어 보게 되면 과연 너는 연극의 무대 배경이나 무대 의상과도 같은 옷과 집, 명성 때문에 마음의 동요를 느끼게 될까?

3 너를 이루는 3가지 구성요소는 몸과 호흡, 그리고 마음이다. 이 가운데 처음 두 가지는 너에게 위탁된 것들이다. 오로지 세 번째 요소에 대한 소유권만이 온전히 너에게 있다.

만일 너 자신을 다른 사람들이 하는 말이나 행동, 네가 한 말이나 행동, 네가 행여 일어날까 두려워하는 일들에서 자유로워지게 할 수 있다면 어떻게 될까? 너와 네 호흡을 담고 있는 그릇과 같은 몸 때문에, 소용돌이치는 혼란이 밖에서 안으로 엄습해 들어가기에 억지로 해야 했던 일들에서 벗어날 수 있다면 어떻게 될까? 그리하여 마음이 운명의 굴레를 벗어나 명백해지면서 스스로 서약한 삶을 살게 되면, 옳은 일을 하고, 일어나는 일을 순순히 받아들이고, 진리를 말하며 살게 되면 어떻게 될까?

만일 마음 한구석을 떠나지 않는 인상들로부터 자유로워질 수 있다면, 미래와 과거로부터 자유로울 수 있다면, 엠페도클레스가 말하는 '완벽한 정적 속에서 기뻐하는 구'가 되어 살아갈 수 있는 삶(즉, 현재)에 집중할 수 있다면 어떻게 될까? 그렇다면 너는 남은 시간을 평온하게 보낼 수 있다. 친절함 속에서, 네 내면에 있는 정신과 사이좋게 지낼 수 있다.

4 나는 놀라움을 금치 못하겠다. 우리는 모두 다른 사람들보다 자기 자신을 더 많이 사랑하면서도 자기 자신의 견해보다는 다른 사람들의 의견에 더 신경을 쓰니 말이다. 만약 어떤 신이 혹은 어떤 현자가 우리 앞에 나타나서 우리가 자기 생각을 숨기지 못하게 하거나 무언가를 상상하면 그 즉시 큰 소리로 말하게 한다면, 우리는 단 하루도 버티지 못할 것이다. 이것만 봐도 우리가 자기 생각 대신 다른 사람들의 생각을 얼마나 소중하게 여기는지

알 수 있다.

5 신들은 그토록 우리의 행복을 챙기면서 솜씨 좋게 모든 것을 마련해주었지만, 어쩐 일인지 한 가지를 간과했다. 특정한 사람들, 사실상 사람들 가운데 최정예이자 신들의 동반자, 독실함과 선행 덕분에 신과 가까워진 사람들, 이들도 죽으면 영원히 없어지게, 완전히 소멸하게 된다는 것이다.

그런데 이것이 사실이라 가정하면 신들이 상황을 다르게 마련해두었을 것이라는 확신을 가질 수 있다. 만약 그것이 적절한 일이었다면 말이다. 만일 그렇게 하는 것이 옳다면 신들은 그렇게 했을 것이다. 만일 그것이 자연의 순리라면 자연이 요구했을 것이다. 따라서 그들이 그렇게 하지 않았다는 사실을 바탕으로 생각하면 그것이 적절치 않은 일이었다는 결론에 도달하게 된다.

이런 질문을 하면 신들의 공정함에 도전하는 셈이 된다는 것을 너도 분명 알 것이다. 신들이 실제로 공정하지 않다면, 절대적으로 공정하지 않다면 대체 너는 왜 공정이라는 문제를 끌어들이려는 것인가?

만일 그들이 공정하다면 세상을 세우면서 어떻게 그렇게 비논리적이고 불공정한 일을 부주의하게 간과할 수 있었겠는가?

6 불가능해 보이는 것이라 해도 연습하라.

왼손은 연습이 부족한 탓에 거의 모든 경우에 쓸모가 없다.

하지만 고삐는 오른손보다 잘 다룬다. 다 연습한 덕분이다.

7 죽음이 우리를 맞으러 올 때, 영혼과 육신은 어떤 조건에 있을까?

삶은 짧고, 죽음 이전과 이후의 시간은 광대하며, 물질은 쉽사리 부서질 정도로 연약하다.

8 만물의 원인을 벌거벗겨서 낱낱이 파악하라. 행동의 목적도 마찬가지다.

고통. 쾌락. 죽음. 명성.

우리가 동요하는 것은 누구의 책임인가?

그 누구도 우리를 방해하지 못한다.

모든 것은 네가 어떻게 인식하냐에 달려 있다.

9 학생은 펜싱 선수가 아니라 권투 선수와 같다.

펜싱 선수는 무기를 집었다 다시 내려놓아야 한다.

하지만 권투 선수의 무기는 그의 일부다. 그가 할 일은 자기 주먹을 꽉 쥐는 것뿐이다.

10 상황을 있는 그대로 보라. 실체와 원인, 목적을 파악하라.

11 신이 원하는 것만 하고 신이 우리에게 무엇을 보내건 다 받아

들이는 자유.

11a 이러한 자유는 무엇으로 이루어져 있을까?

12 신들을 비난해서는 안 된다. 그들은 고의건 우연이건 아무런 잘못도 저지르지 않는다. 인간들도 마찬가지다. 그들은 고의로 잘못을 저지르지 않는다. 그러니 그 누구도 비난해서는 안 된다.

13 무슨 일이 일어나건 놀라는 사람들은 얼마나 어리석은가? 이들은 외국의 관습에 놀라는 여행자들과 같다.

14 운명적 필연성과 피할 수 없는 질서. 또는 자애로운 신의 섭리. 혹은 무작위적이고 방향성 없는 혼란.

피할 수 없는 필연적인 일이라면 왜 맞서는가?

신의 섭리라면, 그러면서 경배를 허용한다면 신의 도움을 받을 만한 자격을 갖추도록 노력하라.

혼란과 무정부 상태라면 이처럼 성난 바다 위에서 너를 안내해줄 마음이 있다는 것에 감사하라. 폭풍이 너를 휩쓸어가려한다면 육신과 호흡, 그리고 나머지 모두 다 가져가도록 내버려두어라. 단, 마음만은 쓸려가서는 안 된다.

15 등불은 꺼지기 전까지는 빛을 잃지 않고 빛난다. 하지만 네

안에 있는 등불(진리, 정의, 자제력)은 너무도 일찍 꺼져버린다.

16 누군가 네게 상처를 준 것 같을 때가 있다.

하지만 어떻게 확신하겠는가?

그러므로 모든 경우에 다음과 같이 마음에 새겨라.

그는 이미 자기 자신에 의해 재판받고 선고받았다(이는 자기 눈을 스스로 파낸 것과 같다).

나쁜 사람이 다른 사람들을 해치지 않기를 기대하는 것은 무화과에서 즙이 나오지 않기를, 아기가 울지 않기를, 말이 히잉 하고 울지 않기를, 다시 말해 불가피한 일이 일어나지 않기를 기대하는 것과 같다.

그런 품성을 지닌 사람들은 달리 무엇을 할 수 있겠는가?

여전히 화가 풀리지 않는다면 문제를 해결하기 위해 애써보도록 해라.

17 옳은 일이 아니라면 하지 말라. 진실이 아니라면 말하지 말라.

18 언제나 사물 그 자체를, 겉모습 뒤에 숨어 있는 모습을 살펴보라. 그런 다음, 분석을 통해 다음 사항들을 낱낱이 밝혀라.

원인.

실체.

목적.

그것이 존재하는 기간.

19 이제 깨달아야 할 때가 왔다. 네게 영향력을 행사하고 꼭두각시처럼 너를 춤추게 하는 것들보다 훨씬 강력하고 기적 같은 무언가가 네 안에 있다는 것을.

바로 이 순간, 내 머릿속에서는 무슨 생각을 할까? 두려움? 질투? 욕망? 기타 등등의 감정들?

20 아무것도 하지 말라.

1) 닥치는 대로 할 심산이거나 목적이 없다면.

2) 공동선이 이유가 아니라면.

21 오래지 않아 너는 아무것도 아닌 존재, 어디에도 없는 존재가 되리라. 지금 네 눈앞에 있는 세상 만물처럼. 지금 삶을 살아가는 모든 사람처럼.

모든 것의 운명은 바뀌고, 변하고, 소멸하게 되어 있다. 그래야 새로운 것들이 태어날 수 있다.

22 모두 네가 어떻게 인식하느냐에 달려 있다. 열쇠는 네가 쥐고 있다. 너는 얼마든지 네 뜻대로 잘못된 인식을 없애버릴 수 있다. 돌출된 땅을 돌아가듯 말이다. 그러면 평온함과 전적인 고요함, 안전한 정박지에 도달하게 된다.

23 예정된 시간에 어떤 행동이 멈춘다고 나쁠 것은 전혀 없다. 그 행동에 관여한 사람도 마찬가지다. 우리가 '인생'이라 부르는 연속된 행동들도 마찬가지다. 예정된 때에 삶이 끝난다면 조금도 해가 되지 않는다. 그래서 인생의 종점에 이르는 사람에게는 불평할 명분이 없다. 멈추는 시간과 지점은 본래 정해져 있다. 어떤 경우에는 우리 자신의 본성에 따라 정해지고, 아니면 전체로서의 자연에 의해 정해진다. 자연을 이루는 부분들은 바뀌고 달라지면서 끊임없이 세상을 새롭게 하고 예정대로 돌아가게 만든다.

세상 만물을 이롭게 하는 것이라면 추하거나 적절하지 않은 것은 하나도 없다. 삶의 종말은 악이 아니다. 이는 우리를 추하게 만들지 않는다. (누구도 해치지 않는 의도치 않은 행동을 대체 왜 부끄러워해야 하는가?) 세상에 의해 예정되고, 세상을 촉진하며, 세상에 의해 촉진되는 것은 좋은 일이다.

이렇게 우리는 신과 같은 존재가 된다. 신의 길을 따르고 이성의 목표를 따르면서.

24 다음 3가지 원칙은 언제든 필수적으로 명심해야 한다.

1) 네가 하는 행동은 독단적이어서도, 추상적인 정의가 할 법한 일과 달라서도 안 된다. 외부에서 일어나는 사건들은 무작위로 일어나거나 설계에 따라 일어난다. 운이 어떻다고 불평해서는 안 된다. 신의 섭리와 논쟁을 벌일 수는 없다.

2) 세상만사가 어떤 모습인지 관찰하라. 씨앗이 뿌려져 생명

이 태동하기까지, 생명이 태동한 뒤 생명을 포기하기까지를. 모든 부분이 어디서 와서 어디로 돌아가는지를.

3) 만약 네가 갑자기 위로 끌어올려져서 굉장히 높은 곳에서 다채로운 삶의 모습을 볼 수 있다면, 그리고 이와 동시에 네 주변과 하늘과 천상에 있는 모든 것들을 내려다볼 수 있다면 그 모든 것이 얼마나 부질없는지 알게 될 것이다. 아무리 자주 보더라도 늘 똑같을 것이다. 똑같은 삶의 모습, 똑같은 수명만 보게 될 것이다.

이렇게 생각한다고 해서 오만하다고 할 수 있을까?

25 잘못된 인식을 버려라. 그러면 괜찮아지리라. 그렇게 못하게 너를 막는 사람은 아무도 없다.

26 무언가에 화가 났다는 것은 네가 다음과 같은 사실을 잊었다는 뜻이다.

일어나는 모든 일은 자연의 순리에 부합하는 것이다.

그 책임은 그들의 몫이지, 네 몫이 아니다.

그리고 여기서 더 나아가 무슨 일이건 지금 일어나는 일은 언제나 일어났던 일이며, 언제라도 일어날 일이고, 바로 이 순간 어디서든 일어나고 있는 일이다. 바로 이렇게 말이다.

한 인간을 모든 인간과 연결하는 것은 혈통이나 출신지가 아니라 마음이다.

그리고 한 개인의 마음은 그 자체가 신이자 신의 것이다.

그 무엇도 누구의 소유가 아니다. 자녀, 육신, 삶 자체 등 모든 것의 근원은 똑같다.

우리가 살아가야 하는 것이면서 잃어야 하는 것은 현재뿐이다.

27 무언가에 격노했던 사람들, 가장 유명했고, 가장 불운했으며, 가장 미움받았던 사람들 가운데 누가 있었는지 끊임없이 찾아보라. 그리고 스스로에게 질문하라. 이들은 모두 지금 다 어디에 있는가? 이들은 연기나 먼지, 전설이 되었거나 전설조차 되지 못했다. 하나하나 사례를 살펴보라. 시골에 살았던 파비우스 카툴리누스, 과수원에 살았던 루시우스 루푸스, 바이아이에 살았던 스테르티니우스, 카프리에 살았던 티베리우스, 벨리우스 루푸스 등등. 이들은 강박과 오만에 사로잡혀 살았다.

우리가 그토록 열렬히 원하는 것들은 얼마나 하찮은가? 우리에게 주어진 몫을 받아들이고, 야단법석을 떨지 않으면서 올곧음과 자제력을 발휘하고 신에게 순종하는 것이 훨씬 더 철학적이지 않겠는가?

28 사람들이 "당신이 숭배하는 신들을 한 번이라도 본 적이 있소? 신들이 존재한다고 어떻게 확신하는 것이오?"라고 물으면 나는 이렇게 대답한다.

"그냥 당신 주변을 한 번 돌아보시오."

"나는 내 영혼도 한 번도 본 적이 없소. 그래도 나는 내 영혼을 추앙하오."

나는 신들이 존재한다는 것을 알고 그들을 숭배한다. 왜냐면 그들의 힘을 느꼈기 때문이다. 끊임없이 계속해서.

29 구원을 위해서는 어떻게 해야 할까?

세상 만물을 볼 때, 각자의 존재 이유를 보고 파악하라.

망설이지 말고 옳은 행동만 하고 진실한 말만 하라.

충만한 삶을 사는 것 외에 무엇이 구원이겠는가? 사슬의 고리를 하나씩 풀듯 쉬지 않고 선행을 이어가는 것 말고 무엇이 구원이겠는가?

30 세상에는 여럿이 아니라 단 하나만 존재하는 것들이 있다.

먼저, 햇빛. 벽이나 산을 비롯한 수많은 것들에 의해 부서지더라도 햇빛은 오직 하나다.

실체. 수만 가지 형태로 쪼개지고 다양한 모양으로 만들어지더라도 실체는 하나다.

삶. 각각의 한계를 지닌 수많은 다양한 본성에게 분배되더라도 삶은 오로지 하나다.

지성. 나뉘어 있는 것처럼 보이더라도 지성은 하나다.

그 밖의 다른 구성요소들에는 서로에 대한 자각이나 연결성이 부족하다.

하지만 지성은 오로지 자신과 유사한 것에만 끌리고, 그것과 합쳐져 분리되지 않은 채 인식을 공유한다.

31 네가 원하는 것이 무엇인가? 호흡을 계속하는 것? 감정을 느끼는 것? 욕망하는 것? 성장하는 것? 성장을 멈추는 것? 목소리를 사용하는 것? 사유하는 것? 과연 이들 가운데 어떤 것이 네게 가치가 있을까?

만약 이 모든 것들 없이도 잘 지낼 수 있다면 로고스와 신을 계속해서 따르도록 해라. 끝까지 말이다. 그 외 다른 것들을 소중히 여기면, 죽음이 우리에게서 그것들을 앗아간다고 비통해하면 이는 우리가 따르는 길을 가로막는 장애물이 된다.

32 무한한 시간, 광대한 심연과 같은 시간. 그 가운데 한 조각만이 우리 각자에게 할당된 몫이다. 이 작은 조각은 한순간에 영원으로 흡수되어버린다.

너의 실체와 너의 정신은 모든 실체와 모든 정신 가운데 한 조각일 뿐이다.

네가 기어다니는 곳은 땅 전체 가운데 한 조각에 불과하다.

이 모든 사실을 마음에 간직하면서 그 어느 것도 중요시하지 말라. 오로지 네 본성이 요구하는 대로 하고, 자연에 의해 네게 주어진 몫을 받아들여라.

33 마음이 어떻게 처신하는지는 다 마음에 달려 있다. 나머지는 모두 자신의 권한 안에 있거나 자신의 통제권 밖에 있다. 시체와 연기가 그렇다.

34 죽음을 중요치 않게 여기도록 하는 유인책 : 그 일은 고통과 쾌락을 유일한 도덕률로 삼는 사람들조차 썩 잘 해낼 수 있는 일이다.

35 만일 네가 원숙함만이 네게 이익이 된다고 생각한다면, 만약 올바른 로고스가 지배하는 행동들이 대략 몇 가지밖에 없다면, 만일 세상을 이만큼 오래 혹은 저만큼 오래 바라본다고 네게 달라지는 것이 없다면 그러면 너는 죽음을 무서워할 리 없다.

36 그동안 너는 위대한 도시에서 한 시민으로 살았다. 그렇다면 살아온 세월이 5년이건 100년이건 무슨 차이가 있는가? 그 세월이 얼마이건 법은 조금도 차별하지 않는다.

　그렇다면 폭군이나 정직하지 않은 판사에 의해서가 아니라 애초에 너를 초대했던 자연에 의해 도시 밖으로 보내지는 것이 대체 왜 그리 끔찍한 일인가?

　이것은 마치 극단 단장이 무대 위에 서 있는 배우의 머리 위로 막을 내리는 것과 같다.

　"아니, 전 고작 3막밖에 연기하지 않았는데요!"

그렇다. 그러면 그 연극은 3막짜리 연극인 것이다. 연극 시간은 과거에 너를 창조하는 작업을 지휘했고 이제는 너를 해체하는 작업을 지휘하는 힘을 가진 존재가 정하는 것이다. 결정권은 네게 없다.

그러므로 부디 품위 있게 무대 밖으로 퇴장하라. 자연이 네게 보여준 품위 그대로.

마르쿠스 아우렐리우스 연보

121년   4월 26일, 로마의 귀족 가문에서 태어나다.

124년   아버지 안니우스 베루스가 사망하고, 조부에게 입양되다.

138년   삼촌인 안토니우스에게 동생과 함께 입양되다.

         황제 하드리아누스 뒤를 이어 안토니우스가 즉위하다.

145년   안토니우스의 딸인 파우스티나와 결혼하다.

146년   지방 총독이 되어 실제적으로 정치에 참여하다.

161년   안토니우스 황제 사망하다. 동생 루키우스 베루스와 함께 공동 황
제로 즉위하다.

169년   공동 황제인 루키우스 베루스 사망하다.

175년   시리아의 총독이었던 아비디우스 카시우스가 자칭 황제를 칭하며
반란을 일으키다.

176년   카시우스의 반란을 진압하기 위한 원정 중에 아내 파우스티나 사
망하다.

180년   북방에서의 전투 후 돌아오는 길에 페스트에 걸려 3월 17일, 59세
의 나이로 사망하다.

명상록

초판 1쇄 인쇄 2023년 4월 24일
초판 1쇄 발행 2023년 5월 1일

지은이 마르쿠스 아우렐리우스
옮긴이 김수진
펴낸이 이효원
편집인 음정미
마케팅 추미경
디자인 양미정(표지), 이수정(본문)
펴낸곳 올리버
출판등록 제395-2022-000125호
주소 경기도 고양시 덕양구 삼송로 222, 101동 305호(삼송동, 현대헤리엇)
전화 02-381-7311   **팩스** 02-381-7312
전자우편 tcbook@naver.com

ISBN 979-11-89550-67-7 03100